Katja Baur, Michael Landgraf

Schule für Frieden und Hoffnung

Arbeitsbücher für Schule und Bildungsarbeit

Band 10

LIT

Katja Baur, Michael Landgraf

Schule für Frieden und Hoffnung

Zusammen leben und lernen
von Christen und Muslimen
in den Schneller-Schulen im Nahen Osten

Einführung und Unterrichtsbausteine
für Schule und Gemeinde

LIT

Bibliografische Information der Deutschen Nationalbibliothek
Die Deutsche Nationalbibliothek verzeichnet diese Publikation in der Deutschen Nationalbibliografie; detaillierte bibliografische Daten sind im Internet über http://dnb.d-nb.de abrufbar.

ISBN 978-3-643-10794-7

©LIT VERLAG Dr. W. Hopf Berlin 2010
Verlagskontakt:
Fresnostr. 2   D-48159 Münster
Tel. +49 (0) 2 51-620 320   Fax +49 (0) 2 51-922 60 99
e-Mail: lit@lit-verlag.de   http://www.lit-verlag.de

Auslieferung:
Deutschland: LIT Verlag Fresnostr. 2, D-48159 Münster
Tel. +49 (0) 2 51-620 32 22, Fax +49 (0) 2 51-922 60 99, e-Mail: vertrieb@lit-verlag.de
Österreich: Medienlogistik Pichler-ÖBZ, e-Mail: mlo@medien-logistik.at
Schweiz: B + M Buch- und Medienvertrieb, e-Mail: order@buch-medien.ch

Inhalt

Einführung

Teil 1: Unterrichtsbausteine
Primarstufe / Kinderkirche / Konfirmandenarbeit

1. Zugänge: Wir leben in Jordanien
2. Schwerpunkt: Die Schneller-Schule entdecken
3. Schwerpunkt: Frieden Leben Lernen

Teil 2: Unterrichtsbausteine
Sekundarstufe / Konfirmandenarbeit / Erwachsenenbildung

Zugang: Die Schneller Schulen als Orte von Visionen, Mission und Kommunikation – Einführung für Lehrende

1. Schwerpunkt: Mission – ein Reizwort? Vom Ge- und Missbrauch des Wortes „Mission" unter Jugendlichen aus Deutschland und Jordanien
2. Schwerpunkt: Meine Welt – Deine Welt: Lebenswelten von Jugendlichen in Deutschland und in der Theodor-Schneller-Schule in Amman
3. Schwerpunkt: Namen tragen eine Message: Der Name meiner Schule und der Name „Schneller- Schule" stehen für eine Idee
4. Schwerpunkt: Gemeinsam sind wir stark: Interesse für einander verbindet
5. Schwerpunkt: Einladung zum Frieden: Streit schlichten geht durch den Magen

Einführung

Kinder und Jugendliche leben in einer vernetzten Welt. Sie begegnen Kindern und Jugendlichen mit Migrationshintergrund in der Schule, als Spielgefährten oder als Sportkameraden. Selbst in Kleinstädten leben oft Menschen aus über 100 Ländern. Durch die politisch unsichere Situation stammen viele aus dem Nahen Osten. So ist es eine wichtige Aufgabe, Kinder und Jugendliche „fit" für solche Begegnungen zu machen.

Das scheint keine leichte Aufgabe: Presse und Medien berichten fast täglich von Gewalt, Terror usw. in Nahost. Regelmäßig wird, auch in Nachrichtensendungen für Kinder, sowohl über die Auseinandersetzung zwischen Israel und seinen Nachbarn, als auch über die Situation der Palästinenser erzählt. Oftmals wird die bedrohliche Situation in Nahost mit dem Islam in Verbindung gebracht.

Ziel des Entwurfes ist es, Kindern und Jugendlichen einen Einblick in das Leben ihrer Altersgefährten zu geben, die im Nahen Osten leben und dort eine Schneller-Schule besuchen. Durch Neugierde am Fremden, Offenheit für Andersartigkeit und Empathie für manche dieser „Globalisierungsverlierer" kann und soll der eigene Blick auf Zusammenhänge des Miteinanderlebens geweitet werden.

Unterschiedliche Lernschwerpunkte werden dabei entfaltet:

Lernschwerpunkt: Leben anderswo
Zunächst sollen Kinder, Jugendliche und Erwachsene den Kontext kennen lernen – das heißt konkret das Leben im Nahen Osten, hier dargestellt am Beispiel Jordaniens (siehe Teil 1: S. 8 bis 18 und Teil 2, S. 80 bis 91). Dabei werden Identifikationsfiguren geboten, die konkret die Lebenssituation beleuchten.

Zum Leben anderswo kommt der
Lernschwerpunkt: Leben in Armut
Viele Kinder und Jugendliche im Nahen Osten leben in Armut oder ohne stabile soziale Netzwerke. Anhand der Identifikationsfiguren wird aufgearbeitet, welche Startbedingungen Kinder und Jugendliche, die die Schneller-Schule besuchen, für ihr Leben haben. So ist oft Kinderarbeit im Spiel, um der Familie zu helfen. Zur wirtschaftlich schwierigen Situation kommt der

Lernschwerpunkt: Situation der Christen und Muslime
Die Schneller-Schulen bemühen sich um ein friedliches Zusammenleben der Religionen, was bei einem Bevölkerungsanteil der Christen von z.B. in Jordanien weniger als 5 % nicht leicht ist (siehe Teil 1, S. 21 bis 25 und Teil 2, S. 69 bis 76).

Ein besonderer Aspekt ist der
Lernschwerpunkt: Situation der Flüchtlinge (Palästinenser)
Seit über 60 Jahren gibt es im Libanon und in Jordanien Flüchtlingslager für Palästinenser. Gerade die Schneller-Schulen nehmen sich des Problems an und bieten heimatlosen Kindern und Jugendlichen ein Zuhause (siehe Teil 1: S. 19 und Teil 2, S. 80 bis 83).

Im Zentrum steht daher auch der
Lernschwerpunkt: Schneller-Schulen durchbrechen den Kreislauf
Hier soll konkret die Arbeit der Schnellerschulen im Wohnheim und im Unterricht beleuchtet werden (siehe Teil 1, S. 26 bis 36 und Teil 2, S. 86 und 87, S. 101 bis 112 und S. 119 und 120).

Die Auseinandersetzung mit einer anderen Schul- und Lebenswirklichkeit mag dazu führen, das eigene Verständnis von Glück, Bildung, Zuhause usw. als einen Lebensweg zu sehen, der neben und zusammen mit anderen Wegen ein Ganzes zu bilden hat. Perspektivisch bieten sich für die unterschiedlichen Zielgruppen weitere Lernschwerpunkte an.

Lernschwerpunkt Frieden
Ein friedliches Zusammenleben ist besonders in Jordanien eine große Herausforderung. Anhand konkreter Situationen werden Wege gesucht, wie Kindern und Jugendliche im Rahmen ihrer Möglichkeiten Frieden stiften können (siehe Teil 1, S. 37 bis 59 und Teil 2, S. 122 bis 128).

Angesichts gegenwärtiger Probleme mit fundamentalistischen Bewegungen auf der ganzen Welt und im eigenen Denken, kann die Idee der Schneller-Schulen als Impulsgeber dienen, eigene (Vor)Urteile zu prüfen.

Lernschwerpunkt Mission und Vision
Hier wird gefragt, wie es in multikulturellen und multireligiösen Gesellschaften gelingen kann, eigene Überzeugungen zu leben und gleichzeitig den andersdenkenden Nachbarn Raum zu geben, ihre Vorstellungen von Wohnen, religiösem Leben, Schulbildung, Kultur usw. zu verwirklichen (siehe Teil 2, S. 69 bis 76).

Die Hoffnung besteht, dass über die Begegnung mit der Schneller-Idee nicht nur Interesse geweckt, sondern auch Hoffnung und Verantwortung füreinander entwickelt wird. Dem folgt der
Lernschwerpunkt Solidarität
An konkreten Beispielen wird nach Möglichkeiten zum Handeln gesucht (siehe Teil 2, S.77 bis 79 und S.117 bis 121).

Nutzung des Materials
Das Material bietet Unterrichtsbausteine für die Primarstufe (Teil 1) sowie die Sekundarstufe (Teil 2) an. Dennoch ergänzen beide Teile einander. Kurzweilige (Teil 1) und zeitintensivere Elemente (Teil 2) können in beiden Lerngruppen miteinander kombiniert werden. Die Texte aus Teil 2 sind auch als Hintergrundwissen für Lehrende über die Schneller-Bewegung nutzbar und stellen Elemente für Erzählungen in der Primarstufe zur Verfügung. Die kreativen Aktionen aus Teil 1 werden auch Schüler der Sekundarstufe 1 und 2 gerne als Zusatzmaterialien nutzen.
Lernstraßen sind mit Signes, die den Schwierigkeitsgrad beschreiben, versehen. Diese Signes (Smilies) bezeichnen die Komplexität des Materials. Je geringer die Smilie-Zahl ist, desto leichter ist die Aufgabe zu bewerkstelligen. In Teil 1 findet sich die Auflistung des Schwierigkeitsgrades im Überblick (S. 5 bis 7). In Teil 2 ist dieser aus der Gliederung ersichtlich.
Dem Material liegt eine CD bei, die alle Fotos und Medien enthält.

Weitere Hinweise
Auf Literatur zum Thema wird jeweils in den Teilen hingewiesen. Hierzu gibt es auch Material des Evangelischen Missionswerkes in Südwestdeutschland (EMS) zum Schneller Jubiläumsjahr 2010 (www.ems-online.org/evs.html).

Wir danken Studierenden der EH Ludwigsburg aus Praxisprojekten und dem BIDA Studienprojekt an der Theodor-Schneller-Schule (TSS) für Texte und Fotos sowie Herrn Prof. Dr. Samir Akel für die Unterstützung im Arabischen und Herrn Wolfgang Baur für die Unterstützung beim Layouten. Ein besonderer Dank geht an Andreas Maurer, den Geschäftsführer des Evangelischen Vereins für die Schneller-Schulen, der die Finanzierung des Buches übernahm, und an den pädagogischen Leiter Musa al Munaizel, dem es gelingt, die Schneller-Idee begeistert zu vermitteln.
Schließlich möchten wir noch darauf hinweisen, dass die Schneller-Schulen Unterstützung brauchen. Jede noch so kleine Zuwendung hilft der dort geleisteten Friedensarbeit.

Katja Baur, Ludwigsburg
Michael Landgraf, Neustadt/ Weinstraße

Teil 1: Frieden Leben Lernen
Unterrichtsbausteine für die Klassenstufen 3 – 7, Kinderkirche und die Konfirmandenarbeit

1. Zugang: Wir leben in Jordanien
2. Schwerpunkt: Die Schneller-Schule entdecken
3. Schwerpunkt: Frieden leben lernen (Lernstraße)

☺ - ☺☺ - ☺☺☺ zeigen das Anspruchsniveau der Materialien

Zugang: Wir leben in Jordanien

Der Einstieg für die Klassenstufe 3-7 beleuchtet zunächst das Leben in Jordanien allgemein und das Leben zweier Identifikationsfiguren, des christlichen Jungen Johannan und des muslimischen Jungen Mahmud. Beide besuchen die Schneller-Schule, die versucht, ihnen ein besseres Leben zu ermöglichen. Zu den Zugängen gehört aber auch das Leben in Armut, besonders angesichts der Situation der Flüchtlinge in Jordanien. Im Rahmen eines Projektes (z.B. einer Projektwoche) kann man auch das Thema vertiefen und auf die Besonderheiten des Arabischen eingehen. Im Religionsunterricht sollte auf die unterschiedlichen Religionen Christentum und Islam im Land eingegangen werden. Dabei ist zu beachten, dass Christen mit etwa drei Prozent der Bevölkerung nur eine kleine Minderheit im Land sind.

Bausteine	Inhalt und Aktivität	Anspruch	S.
Eine Reise nach Jordanien	Reisebeschreibung eines Fluges nach Amman. Fantasiereise nach Jordanien.	☺	8
As salam aleikum!	Identifikationsfiguren Johannan und Mahmud stellen sich vor. Vergleich der beiden Kurzbiographien.	☺	9
Wir leben in Jordanien	Landkarte mit Umgebungsländern, Städten und Gewässern ausfüllen.	☺☺	10
Jordanien – unser Land	Kurzinformation zu Jordanien. Die jordanische Flagge kolorieren.	☺☺	11
Klima, Natur und Landschaften in Jordanien	Informationstext und Bilder zum Klima und den Landschaften in Jordanien zuordnen.	☺☺	12
Pflanzen und Tiere in Jordanien	Informationstext und Bilder zu Pflanzen und Tieren einander zuordnen.	☺☺	13
Was wir am liebsten essen	Lieblingsspeisen wie Hummus, Falafel und Zatar kennenlernen, vielleicht auch zuzubereiten und miteinander essen.	☺☺	14
Unsere Sprache: Arabisch	Wichtigste Worte im Arabischen kennen.	☺☺	15
Kaligraphie – Arabische Schönschrift	Die arabische Schönschrift kennen und das Salam-Friedenszeichen nachzeichnen können.	☺	16
Arabische Sprichwörter	Arabische Sprichwörter kennenlernen und entschlüsseln	☺☺	17
Johannan lebt in Amman	Johannan lebt in der Hauptstadt Amman. Johannans Leben mit dem eigenen Leben vergleichen.	☺☺	18
Mahmud lebt im Flüchtlingslager	Mahmud lebt in einem Flüchtlingslager. Informationen über das Schicksal von Flüchtlingen in Jordanien zusammenfassen. Überlegen, was wäre, wenn man selbst in diese Situation käme.	☺☺	19

Wenn die Familie arm ist … Kinderarbeit	Kinderarbeit als Problem erfassen und anhand von konkreten Beispielen (Aktionskarten) sich die Arbeit eines Kindes anderswo vorstellen.	☺☺	20
Christen und Muslime	Arbeitsblatt zum Vergleich der Texte „Johannan ist Christ" und „Mahmud ist Muslim"	☺☺	21
Johannan ist Christ	Informationstext und Bilder zum Thema „Christentum in Jordanien" einander zuordnen.	☺☺	22
Vaterunser auf Arabisch	Das Vaterunser auf Arabisch lesen und nachsprechen.	☺☺☺	23
Mahmud ist Muslim	Informationstext und Bilder zum Thema „Islam in Jordanien" einander zuordnen.	☺☺	24
Die Schahada auf Arabisch	Die Schahada als zentrale Glaubensaussage des Islam kennen lernen.	☺☺☺	25

Schwerpunkt: Die Schneller-Schule entdecken

Die Schneller-Schule wird hier als Beispiel für viele Schulen in der Einen Welt dargestellt, bei der gemeinsames Leben und Lernen für Kinder zusammengehört. Wohnheim und Schule sind aufeinander bezogen. Und es wird ein Lernen vom Kindergarten bis zum erlernten Beruf ermöglicht.

Schule hier und dort	Die persönliche Einstellung zu „Schule" mit der von Mahmud vergleichen.	☺	26
Johannan und Mahmud kommen auf ihre Schule	Den Weg, wie man auf die Schneller-Schule kommt, und die unterschiedlichen Gefühle am ersten Schultag von Johannan und Mahmud zusammenfassen und mit den eigenen Gefühlen am ersten Schultag vergleichen.	☺☺	27
Der erste Schultag	Die Entdeckungen von Johannan und Mahmud am ersten Schultag zusammenfassen und mit der eigenen Schule vergleichen.	☺☺	28
Johannan und Mahmud stellen ihre Schule vor	Die Kurzinformationen über die Schneller-Schule mit der eigenen Schule vergleichen.	☺☺	29
Meine Schule hat einen Namen	Den Hintergrund des Namens der Schneller-Schule kennen lernen und den Namen der eigenen Schule erforschen.	☺☺☺	30
Meine Schneller-Familie – Leben im Wohnheim	Das Leben im Schneller-Wohnheim kennen lernen. Überlegen, was an einem solchen Leben anders und vielleicht reizvoll wäre.	☺☺	31
Unser Schultag – Vor der Schule	Die Aktivitäten vom Aufstehen bis zur ersten Unterrichtsstunde bei Johannan und Mahmud kennen lernen und mit dem eigenen Leben vergleichen.	☺☺	32
Der Unterricht	Den Unterricht, die Schulfächer sowie das arabische Alphabet und die Zahlen kennen lernen und mit dem eigenen Schulalltag vergleichen.	☺☺	33
Freizeit aktiv	Die Freizeitmöglichkeit an der Schneller-Schule mit den eigenen Möglichkeiten vergleichen.	☺☺	34
Einen Beruf lernen	Die Ausbildungsmöglichkeiten an der Schneller-Schule kennen lernen. Erkunden, wie und wo man bei uns einen Beruf erlernt.	☺☺☺	35
Interview mit Musa al Munaizel, dem pädagogischen Berater der Schule	Anhand des Interviews mehr über das Leben der Kinder und die Hintergründe der Schule kennen lernen.	☺☺☺	36

Frieden Leben Lernen

Der pädagogische Schwerpunkt der Schneller-Schulen liegt in der friedenspädagogischen Arbeit. Daher wird hier der vertiefende Schwerpunkt gesetzt, bei dem Materialien angeboten werden, in denen konkrete Situationen aus dem Schulalltag aufgearbeitet werden.

Frieden spielen – wie geht das?	Sich bewusst werden, was „Frieden" heißt und sich konkret darüber Gedanken machen, wie man Frieden eigentlich „spielt".	☺☺	37
Frieden heißt: Miteinander reden zu können	Anhand des Gesprächskreises an der Schneller-Schule entdecken, welche Bedeutung die Fähigkeit zur Kommunikation im Friedensprozess hat.	☺	38
Frieden heißt Vergeben	Anhand einer Schulhofgeschichte die Bedeutung der Vergebung für eine Deeskalation in einem Konflikt beschreiben.	☺☺	39
Frieden heißt: Keinen ausgrenzen!	Anhand einer Schulgeschichte die Folgen von Krieg und Ausgrenzung als eine Ursache des Unfriedens entdecken.	☺☺	40
Frieden heißt: Mit der Schöpfung sorgsam umgehen	Anhand von Angeboten der Schneller-Schule den ganzheitlichen Ansatz des Friedens mit der Schöpfung kennen lernen.	☺☺	41
Frieden heißt Teilen	Anhand einer Schulgeschichte die Bedeutung des Teilens für ein friedliches Miteinander entdecken.	☺	42
Frieden heißt Freundbilder statt Feindbilder	Anhand der Geschichte vom Barmherzigen Samariter Freund- und Feindbilder reflektieren.	☺☺	43
Frieden heißt: nach Gerechtigkeit zu suchen	Anhand der Lebensgeschichten von Mahmud und Johannan die Bedeutung von Gerechtigkeit für den Prozess des Friedens erschließen.	☺☺☺	44
Frieden heißt: die Religion der anderen zu achten	Anhand der überwundenen Vorurteile bei Mahmud und Johannan Religion als gemeinsames Fundament des Friedens entdecken.	☺☺	45
Frieden heißt: aufeinander Rücksicht nehmen	Anhand der Ramadan-Praxis an der Schneller-Schule die Rücksichtname bei religiösen Traditionen als Baustein in der Friedensarbeit entdecken.	☺☺	46
Frieden heißt: die richtigen Worte finden	Worte, die Streit auslösen, und Worte, die Frieden schaffen, unterscheiden.	☺	47
Frieden heißt: Gemeinsame Regeln finden	Regeln für ein friedliches Miteinander erarbeiten.	☺	48
Frieden heißt: in Hoffnung leben	Die Hoffnung auf eine Zukunft in Frieden ausdrücken.	☺☺☺	49
Friedens-Buchstabensalat	Spielerisch Begriffe erschließen, die mit Frieden verbunden sind.	☺	50
Friedenstauben –Basteleien	Ein Mobile, einen Sticker und ein Transparentbild mit dem Friedenssymbol der Schneller-Schule erarbeiten.	☺	51-52
Anmalbild: Schneller-Freunde	Friedensgebete kennen und ein eigenes Friedensgebet formulieren können.	☺	53
Frieden in der Bibel und im Koran	Friedensworte der Bibel und des Koran kennen.	☺☺☺	54-56
Friedensgebete	Friedensgebete kennen und ein eigenes Friedensgebet formulieren können.	☺☺	57
Friedenslieder	Friedenslied der Schnellerschulen; Ein Psalm in vielen Sprachen	☺☺	58-59
Friedensdienst: Freiwillig in einer Schneller-Schule	Anregung selbst einmal nach der Schulzeit die Arbeit der Schneller-Schule kennenzulernen und dort mitzuarbeiten.	☺☺☺	60

Eine Reise nach Jordanien

Stell dir vor, du gehst auf eine Reise – eine Reise in das Land Jordanien.
Früher brauchte man Wochen dafür. Mit dem Zug fuhr man über Österreich, durch heutige Länder wie Slowenien, Kroatien, Serbien, Bulgarien, Griechenland, die Türkei und Syrien. Das war eine beschwerliche Reise.
Heute kann man das leicht mit dem Flugzeug schaffen. Genau vier Stunden und zehn Minuten dauert der Flug von Frankfurt nach Amman, der Hauptstadt von Jordanien.
Wenn du aus dem Flugzeug schaust siehst du viele Landschaften.
Über Österreich siehst du die schneebedeckten Berge der Alpen.
Über Serbien und Bulgarien siehst du zerklüftetes Bergland.
Dann fliegst du über ein schmales Meer, das Europa von Asien trennt.
Über der Türkei sieht die Erde ocker aus – von der Sonne verbrannt. Dann fliegst du über das Mittelmeer, bis zur Küste Israels. Bald hinter der Küste sieht das Land trocken aus. Du siehst eine Wüste. Dann taucht eine große Stadt auf.
Das ist Amman, die Hauptstadt von Jordanien. Viele helle Häuser siehst du unter dir.

Das Flugzeug landet.
Du steigst aus und gehst durch den Zoll. Vor dem Flughafen ist vieles anders. Ein warmer, trockener Wind weht. Die Luft riecht nach Blüten und Kräutern. Du hörst Stimmen, die Arabisch sprechen. Im Auto fährst du durch den Verkehr. Auf den Straßen ist alles viel hektischer als bei uns. Schließlich kommst du an einer Schule an. Dort leben und lernen Kinder und Jugendliche zusammen.
Es ist die Theodor-Schneller-Schule.

As Salām aleikum!

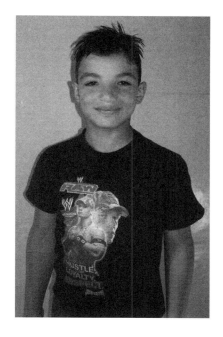

Hallo! Mein Name ist **Johannan**.
Meine Freunde nennen mich Hanna.
Ich bin zehn Jahre alt.
Mit meiner Mutter und meinen Geschwistern lebe ich in der Hauptstadt Amman.
Mein Vater ist gestorben.
Ich bin Christ. Ich glaube an den einen Gott als Vater, Sohn und Heiliger Geist.
Mein heiliges Buch ist die Bibel.
Mehrmals am Tag spreche ich ein Gebet – nach dem Aufwachen, vor dem Essen und vor dem Einschlafen.
Sonntags besuche ich den Gottesdienst.
Sieben Wochen vor Ostern fasten wir. Da verzichte ich auf Süßigkeiten.
Mein Name kommt von Johannes dem Täufer. Er hat Jesus getauft.
Ich besuche die fünfte Klasse der Theodor- Schneller- Schule in Amman.

Ich heiße **Mahmud**.
Auch ich bin zehn Jahre alt.
Meine Familie stammt aus Palästina.
Wir leben in einem Lager für Flüchtlinge. Das liegt in der Nähe von Amman.
Ich bin Muslim. Ich glaube an den einen Gott, von dem uns Mohammed erzählt hat.
Mein Name Mahmud erinnert an Mohammed, unseren Propheten.
Mein heiliges Buch ist der Koran.
Fünf mal am Tag bete ich zu einer festgelegten Zeit.
Am Freitag besuche ich die Moschee.
Im Fastenmonat Ramadan essen und trinken wir tagsüber nichts.
Ich gehe in die gleiche Klasse wie Johannan an der Theodor- Schneller-Schule.

☞ Nimm dir einen Textmarker oder Buntstifte und markiere, was bei beiden ähnlich und was unterschiedlich ist.

Wie leben in Jordanien

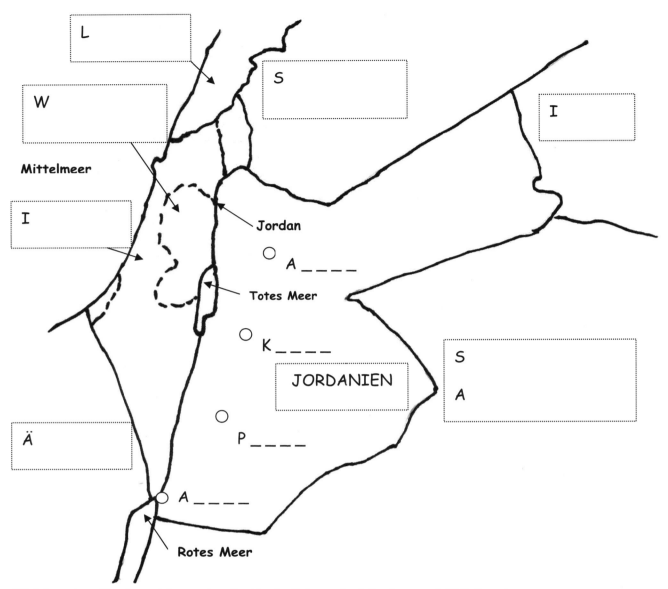

☞ Lies den Text und trage in die Karte folgende Länder und Städte ein:

Im Westen liegen das Land Israel und das Westjordanland, wo Palästinenser leben.
Im Norden ist die Grenze zu Syrien.
Im Nordosten liegt der Irak.
Im Südosten und Süden Saudi-Arabien.
Im Nordwesten, am Mittelmeer, liegt das Land Libanon.
Die Hauptstadt des Libanon ist Beirut.
Petra ist eine alte Stadt, die von Touristen häufig besucht wird. In der Stadt Kerak findet man eine alte Ritterburg. Hier haben vor 800 Jahren Ritter aus Europa gelebt.
In der Stadt Akaba am Roten Meer machen viele Menschen gerne Urlaub.
Im Westen Jordaniens liegt der Fluss Jordan und das Tote Meer. Ganz im Süden liegt das Rote Meer. An das Meer grenzen Jordanien, Israel und Ägypten.

Syrien	Saudi Arabien	Irak	Israel
Westjordangebiet	Ägypten	Libanon	
Petra	Amman	Akaba	Kerak

Jordanien – unser Land

- Jordanien ist vier Mal kleiner als Deutschland.
- Der Name „Jordanien" kommt vom Fluss Jordan.
  Früher hieß es „Land über dem Jordan" (Transjordanien).
- Etwa 5,8 Millionen Menschen leben hier.
- Fast alle Einwohner des Landes sind Araber.
- Fast alle gehören zur Religion des Islam.
- Nur etwa drei von hundert Leuten sind Christen.
- Etwa die Hälfte der Einwohner stammt aus Palästina.
  Sie sind vor Kriegen geflohen.
- Das Geld heißt „Jordanischer Dinar".
  Ein Dinar entspricht ungefähr einem Euro.
- Nationalfeiertag ist der 25. Mai. An dem Tag wird die
  Unabhängigkeit des Landes gefeiert.
- Seit dem Jahre 1946 ist unser Land selbständig.
- Jordanien heißt eigentlich „Haschemitisches Königreich
  Jordanien" („Al-Mamlaka al-Urduniyya al-Hashimiyya").
- Unser König heißt Abdullah II. bin al-Hussein,
  unsere Königin heißt Ranja.
- Die Regierung wird teilweise vom Volk gewählt.
  Aber auch der König bestimmt Mitglieder der Regierung.

☞ Die Flagge Jordaniens trägt in den Streifen die Farben Schwarz, weiß, grün.
  Das Dreieck ist rot mit einem weißen Stern.
  Male die Flagge an, wie der Junge hier.

Klima, Natur und Landschaften in Jordanien

In Jordanien ist es meist warm und trocken.
Oft weht ein leichter Wüstenwind.
Im Sommer wird es manchmal weit über 40° C heiß, besonders im Tal des Flusses Jordan.
Im Winter regnet es manchmal sehr heftig.
Wenn in der trockenen Wüste viel Regen fällt, schießt das Wasser durch die Schluchten, die wir Wadis nennen. Für Wanderer ist das dann sehr gefährlich.
Oft ertrinken Menschen und Tiere in der Wüste.
In Jordanien gibt es unterschiedliche Landschaften:
Es gibt Bergland mit kargen Felsen. Dort sind auch wenige Wälder. Der höchste Berg ist der Jabal Rum (1750 Meter), der im Wadi Rum liegt.
Es gibt bei uns Wüsten, wo kaum etwas wächst.
Der Fluss Jordan ist unser größter Fluss.
Dort und an kleineren Flüssen gibt es grüne Oasen.
Der Jordan mündet in das Tote Meer. Es liegt 400 Meter tiefer als das Mittelmeer - der tiefste Punkt der Erde.
In diesem Meer leben keine Fische, denn es ist sehr salzig. Man kann in ihm nicht normal schwimmen, sondern man treibt oben. Man kann sogar auf dem Rücken treiben und Zeitung lesen.
Am Roten Meer kann man toll Urlaub machen.
Städte gibt es nur wenige. Amman ist die Hauptstadt. Dort ziehen viele Leute hin, weil man hier Geld verdienen kann. Überall stehen dort helle Häuser mit vielen Wohnungen.
Wenn Besucher in unser Land kommen, gehen sie meist an die Strände des Roten Meeres.
Viele besuchen die alte Stadt Petra. Diese ist vor fast 2000 Jahren in die Felsen gehauen worden.
Sie besuchen den Berg Nebo, wo Mose gestorben ist.
Oder sie gehen zum Jordan, wo Jesus getauft wurde.

☞ Schreibe unter die Bilder folgende Worte:
Rotes Meer – Totes Meer – Petra – Amman – Jordan – Wüste – Wadi Rum

Pflanzen und Tiere in Jordanien

Es gibt nicht viele Arten von Bäumen in Jordanien. Beliebt sind Dattelpalmen, wegen ihrer Früchte. Ihre Blätter sind fächerförmig.
In den Wäldern wachsen Bäume wie Zypressen und Kiefern.
Wertvoll sind Olivenbäume. Wir essen sehr gerne eingelegte Oliven. Olivenöl gibt es reichlich zu Tomaten, Gurken oder zu anderen Speisen.
An Obstbäumen wachsen bei uns Orangen, Feigen und Granatäpfelbäume. Granatäpfel sind große Früchte mit süßen Kernen. Wer kann, pflanzt bei sich Tomaten und Gurken an. Verbreitet ist auch Pfefferminze, die wir frisch als Tee zubereiten oder als Gewürz verwenden.

Bei uns gibt es Tiere, die im trockenen und heißen Klima gut leben können. Am besten können das Dromedare, Esel und Ziegen. Araber sind besonders stolz auf Pferde. Doch nur wenige haben eines.
Da wir gerne Geflügel essen, züchten viele Leute Hühner. Bei uns gibt es aber auch Wachteln. Das sind kleine Vögel, die wir wie Hühnchen essen.
In der Stadt leben vor allem Hunde und Katzen. Manche sind Haustiere, andere aber sind wild. Die werden von uns nicht sehr gemocht. Viele werfen Steine, wenn ein wilder Hund ihnen zu nahe kommt.
Überall sieht man Eidechsen, die in der heißen Sonne liegen. Und in der Wüste gibt es gefährliche Skorpione.

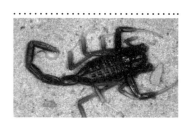

....

☞ Schreibe unter die Bilder folgende Worte:

Eidechse – Olivenbaum – Dattelpalme – Wachteln – Esel – Dromedar – Skorpion

Was wir am liebsten essen

Hummus
Die Lieblingsspeise vieler Leute in arabischen Ländern ist Hummus.
Zubereitung: Kichererbsen werden über Nacht eingeweicht, gekocht und zu einem Brei püriert. Tehina (Sesampaste), Olivenöl und Zitronensaft werden dazugegeben und verrührt. Dann würzt man das Ganze mit zerstoßenem Knoblauch, Kreuzkümmel, Pfeffer,
Paprikapulver und Salz. Auch ein wenig Joghurt kann man dazutun.
Am Ende kann das Ganze mit Petersilie und Kreuzkümmel belegt werden.
Zutaten: 250 g getrocknete Kichererbsen; 8 EL Olivenöl;
4 EL Sesampaste (Tahini); 4 EL Zitronensaft;
1-3 gepresste Knoblauchzehen. Etwas Salz, Pfeffer,
Paprikapulver, Kümmel, Petersilie.

Falafel
Zutaten: 200 g Kichererbsen, 1 Zwiebel,
2 Knoblauchzehen,
1 El fein gewürfelte Karotten,
2 El Kichererbsenmehl (oder Vollkornmehl),
1 El Kurkuma, 1 Tl feines Meersalz.
1 l Pflanzenöl zum Frittieren
Zubereitung: Alles mischen, in Kugelform bringen und in heißem Fett frittieren.

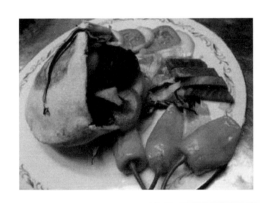

Zatar mit Quark oder Streichkäse mit Olivenöl
Zum Frühstück gibt es Fladenbrot. Das tunken wir gerne in eine Mischung aus Quark, Olivenöl und Gewürzen. Zatar ist eine Mischung mit Gewürzen, die wir sehr gerne essen. Darin ist besonders Thymian und Sesam.

Tomaten mit Gurken
Mehrmals am Tag essen wir Tomaten und Gurken. Sie werden aufgeschnitten und mit Olivenöl übergossen.
Dann wird Salz, Pfeffer und Gewürze dazugegeben. Das Olivenöl tunken wir dann mit Brot auf.

Unsere Sprache: Arabisch

Johannan und Mahmud erzählen:
„Wir sprechen Arabisch.
Wenn wir einander begrüßen sagen wir. *As-salam alaykum.*
Das bedeutet nicht nur „Sei gegrüßt!" Eigentlich heißt es „Frieden sei mit dir!"
Ihr antwortet dann: *Wa alaykumu as-salam.* Damit wünscht ihr uns auch Frieden.
Auf Arabisch wird der Satz von rechts nach links so geschrieben. Versuche es auch.

السلام عليكم

وعليكم السلام

Wichtige Redewendungen

As-salam alaykum	„Der Friede auf euch" = Hallo / Guten Tag
Wa alaykum as-salam	„Und der Friede sei auf euch" = ebenso Guten Tag. = Antwort auf As-salam alaykum
Danke	Schukran
Bitte	Min fadlak (Männl.); Min fadlik (weibl.)
Mein Name ist…	Ismi…
Wie geht es dir?	Kif halak? (männl.); Kif halik (weibl.)
Guten Morgen	Sabah al cher
Guten Abend	Masa al cher
Gute Nacht	Leila issa'ide
Gott	Allah (für Muslime und Christen)
Gott sei Dank!	Al Hamdulillah
So Gott will!	Inscha'allah
Morgen (nächster Tag)	Bukra
Auf Wiedersehen	Ma-salam (mit Frieden)

Kaligraphie – Arabische Schönschrift

Kalligraphie – das heißt „Schönschrift".
Die Religion des Islam erlaubt keine Bilder von Gott.
Deshalb hat man vor hunderten von Jahren begonnen,
die Schrift besonders schön zu gestalten.
Das wichtigste Wort im Arabischen ist **Gott – Allah**.
Hier seht ihr die Schriftzeichen für Gott.
Im Arabischen wird Gott von Christen und Muslimen „Allah" genannt.

Ein Wort, das wir in der arabischen Sprache oft sagen ist:
Hamdulillah – Gott sei Dank!

☞ Versuche selbst einmal, „Gott sei Dank" in Schönschrift zu gestalten.

In der Schneller-Schule ist Frieden besonders wichtig.
Ein Zeichen für den **Frieden ist die Taube**.
Aus den Buchstaben des arabischen Wortes für Frieden,
As-salam, hat man eine Friedenstaube gemalt.

☞ Versucht sie nachzumalen:

Katzengedicht aus einer Fibel

Kittaty Saghyra	Meine Katze ist klein
Wasmuha Namyra	Ihr Name ist Namyra (Tigerlein)
Schaaruha gamylun	Ihr Haar ist schön.
Dhayluha Kasyrun	Ihr Schwanz ist kurz.
Liibuha Yussaly	Das Spielen mit ihr bereitet mir Freude
Wahya li Kadhilli	Sie ist wie mein Schatten.
Tudhiru lmahara	Sie strengt sich sehr an,
kay tasyda faara.	um eine Maus zu fangen.

☞ Versuche das Gedicht auf Arabisch vorzutragen.

☞ Welches Kindergedicht kennst du?

Arabische Sprichwörter

1. Kul uqda wa laha halla. Jeder Knoten wird von jemandem gelöst.	2. Harrasu al qitta ala laben. Sie haben die Katze dagelassen, um die Milch zu bewachen.
3. Rihlat al alf mil tabda bikatwa. Eine Reise von tausend Meilen fängt mit dem ersten Schritt an.	4. Albachyl Himar muhammal Dahab. Der geizige Mensch ist wie ein Esel, der mit Gold beladen ist.
5. Darab usfurayn bihajar. Er hat zwei Vögel mit einem Stein erschlagen.	6. Yahsud Alaama Ala Amah. Er beneidet den Blinden, weil er blind ist.
7. Raas Alkaslan Masnaa Ascheitan. Der Kopf des faulen Menschen ist die Fabrik des Satans.	8. Alkasal la yutiim Assal. Faulheit führt nicht zum Honigessen.
9. Habil Alkadib Kasyr. Das Seil des Lügens ist kurz.	10. Assadik ind Addik. Freundschaft bewährt sich in der Not.
11. La Duchaan bidun Naar. Ohne Feuer kann es keinen Rauch geben.	12. Ibtaiid Aan Ascharr waghanni Lahu. Entferne Dich vom Bösen und singe ein Lied.

Zusammengestellt von Samir Akel

☞ Ordne folgende Aussagen den Sprichwörtern oben (Nummern) zu:

☐ Es muss an der Sache etwas dran sein

☐ Lügen haben kurze Beine

☐ Wer etwas Gutes haben will, muss fleißig sein.

☐ Zwei Fliegen mit einer Klappe erschlagen.

☐ Neid ist gedankenlos.

☐ Jedes Problem kann gelöst werden.

☐ Den Falschen auswählen.

☐ Auch große Dinge muss man klein beginnen.

Johannan lebt in der Hauptstadt Amman

Johannan erzählt:
Meine Familie lebt in Amman.
Das ist die Hauptstadt von Jordanien.
Die Stadt ist sehr alt. Schon die Römer lebten hier. Von ihnen stammt ein Theater.

In der Hauptstadt leben sehr viele Leute – fast jeder zweite unseres Landes. Das liegt daran, dass es hier Arbeit gibt. Und es gibt es alles Mögliche zu kaufen – auf dem Markt oder in einem riesigen Einkaufszentrum.

Hier gibt es auch Ärzte und Krankenhäuser, viele Schulen und eine Universität. Leider gibt es das auf dem Land kaum. So kommen immer mehr Leute in die Stadt.
Ich lebe mit meiner Mutter und meinen Geschwistern in einer kleinen Wohnung. Mit meinen Brüdern teile ich mir ein Zimmer. Weil wir nicht genug Platz haben, schlafe ich mit einem Bruder in einem Bett. Meine beiden Schwestern schlafen mit meiner Mutter in einem anderen Zimmer. Die meisten Leute in Amman leben so. Die Häuser sehen überall ähnlich aus. Sie sind hell gestrichen und etwa fünf Stockwerke hoch. Wenn man mehr Platz braucht, baut man noch ein Stockwerk oben drauf. Das ist manchmal gefährlich. Nur wenige reiche Leute haben ein Haus, in dem jedes Kind ein Zimmer hat.

Mein Vater war Taxifahrer.
Er ist bei einem Autounfall gestorben. Seither geht es meiner Familie sehr schlecht.
Meine Verwandten leben in einem Dorf, weit weg von Amman. So können sie uns kaum helfen.
Seit mein Vater tot ist, müssen alle Kinder mithelfen. Das bedeutet: Meine älteren Brüder müssen arbeiten und können nicht weiter zur Schule zu gehen.

☞ Was ist am Leben von Johannan anders als bei dir?

Mahmud lebt in einem Flüchtlingslager

Mahmud erzählt:

Palästina – so nennen wir das Land, wo meine Familie herkommt. Heute steht auf den Landkarten der Name „Israel". So nennen es die Leute, die heute im Land das Sagen haben. Zwar gibt es auch Gebiete, in denen wir Palästinenser leben – „Autonomiegebiete" genannt. Eines davon heißt „Westjordanland" und liegt an der Grenze zu Jordanien. Doch sind das keine eigenen Länder. Die Menschen dort werden von Israel überwacht.

Lange Zeit lebten Araber und Juden in Palästina miteinander. Dann kamen immer mehr Juden ins Land – aus Europa, Amerika und Afrika. In Europa wurden sie von den Nationalsozialisten verfolgt und viele umgebracht.

Nach dem Zweiten Weltkrieg suchten die Vereinten Nationen nach einer Lösung für die Juden in unserem Land. Im Jahr 1947 wurde unser Land Palästina geteilt. In einem Teil, Israel, sollten Juden leben, im anderen Teil, Palästina, die Araber.

Doch bald brach ein Krieg aus. Viele Palästinenser flohen in die Nachbarländer Jordanien, Libanon, Syrien und Ägypten. Dort leben sie heute noch. Jordanien ist also seit über 60 Jahren ein Land, das uns Palästinenser aufnimmt.

Fast die Hälfte der Einwohner Jordaniens stammt aus Palästina.

Meine Familie lebt seit 1967 in dem Flüchtlingslager. Auch in diesem Jahr war ein schlimmer Krieg.

Mit meinen Eltern, meinen drei Schwestern, drei Brüdern und mit meiner Oma lebe ich in einem einfachen Haus ohne Heizung.

Mein Vater verdient nur sehr wenig Geld. Er arbeitet als Tagelöhner. Das bedeutet: er muss sich jeden Tag eine Arbeit suchen. Mal arbeitet er auf einer Baustelle und schleppt Ziegelsteine. Mal bekommt er Arbeit bei einem Bauern, der für Saat und Ernte Helfer braucht.

Vater geht oft vor 6.00 Uhr los und sucht Arbeit. Meist kommt er abends spät nach Hause. Dabei verdient er so wenig, dass wir alle mithelfen müssen. Meine großen Brüder konnten so nur ein paar Jahre zur Schule gehen. Wenn sie nicht mit meinem Vater arbeiten gehen würden, hätten wir nicht genug zu essen.

☞ Was erfährt man hier über das Leben von Flüchtlingen?

☞ Wenn du Familien kennst, die geflohen sind, was weißt du darüber?

☞ Stell dir vor: Wenn du mit deiner Familie aus deinem Land fliehen müsstest …

Wenn die Familie arm ist… Kinderarbeit

Wenn es Familien schlecht geht, müssen Kinder arbeiten gehen. So war das in Deutschland noch vor etwa 150 Jahren. Erst da wurden Gesetze gemacht, die Kinder schützten.
Auch die Schulpflicht für Kinder kommt daher. So müssen Kinder bei uns mindestens neun Jahre zur Schule gehen. Aber noch heute gibt es Kinderarbeit in vielen Ländern. Überall, wo große Armut herrscht, nützen Gesetze wenig.

Wenn Familien in Afrika, Südamerika, Asien oder auch in Jordanien arm sind, müssen Kinder meistens für die Familie mitarbeiten.

Weil sie nicht zur Schule gehen können, bekommen sie später nur eine niedrige Arbeit und auch nur wenig Geld.

Johannan ist ein Kind, das keinen Vater mehr hat. In vielen Ländern verdient meist nur der Vater das Geld für die Familie. Berufe gibt es vor allem für Männer. Deshalb hätte auch Johannan mitarbeiten müssen, statt lange zur Schule zu gehen.

Mahmud kommt aus einer sehr armen Familie, die in einem Flüchtlingslager lebt. Als Tagelöhner bekommt sein Vater nicht jeden Tag Arbeit. So hätte auch Mahmud bald eine Arbeit suchen müssen, damit die Familie überlebt.

Arbeiten für Kinder:

Müll sammeln	**Schuhe putzen**
Um Geld betteln	**Für einen Großgrundbesitzer Ziegen hüten**
Dienstbote sein	**Für einen Händler Gemüse verkaufen**
An einer Kreuzung mit einem Eimer Autoscheiben waschen	**An der Straße Nüsse verkaufen.**
Bei der Ernte helfen	**Bei einem Hausbau Steine schleppen**

☞ Überlege dir eine Geschichte und gestalte ein Bild zu der jeweiligen Arbeit.

☞ Welche einfachen Arbeiten könnte noch ein Kind oder ein Jugendlicher machen?

Christen und Muslime

☞ **Lies die Texte: „Johannan ist Christ" und „Mahmud ist Muslim".**
☞ **Kläre folgende Fragen:**

	Christen	Muslime
Feste im Jahr sind…		
Die heilige Schrift heißt …		
Wichtigster Lehrer der Religion ist …		
Das Gotteshaus heißt …		
Im Gotteshaus arbeitet …		
Gottesdienst ist am …		
Man betet …		
Man fastet …		
Kinder lernen die Religion kennen …		
Persönliche Gegenstände der Religion sind …		
Lebensfeste sind …		

Johannan ist Christ

Johannan erzählt:
In Jordanien sind die meisten Leute Muslime. Nur sehr wenige Christen gibt es – von 100 Leuten nur etwa drei. Mein Vater ist griechisch-orthodox, meine Mutter katholisch. Es gibt hier auch evangelische Christen. Weil es so wenige Christen gibt, feiert man oft gemeinsam Gottesdienst.
Sonntags gehen wir in die Kirche. Ich ziehe mich schön an – eine schwarze Hose, ein weißes Hemd und schwarze Schuhe. Die ganze Woche über trage ich eine Kette mit einem Kreuz. Am Sonntag hänge ich sie über das weiße Hemd.

Unsere Kirche hat keinen Kirchturm. Allein am Kreuz außen und innen kann man erkennen, dass es eine Kirche ist. Auf dem Altar liegt auch eine Bibel, unsere heilige Schrift. Unser Pfarrer liest uns meist Geschichten von Jesus vor. Der ist für uns besonders wichtig. Während der Predigt sitzen wir auf den Kirchenbänken. Wir singen aus dem Gesangbuch. Auch auf ihm ist ein Kreuz zu entdecken.

Manchmal fragt mich der Pfarrer, ob ich im Gottesdienst mithelfe. Ich spreche dann ein Gebet oder lese aus der Bibel vor. Als besondere Feste gelten bei uns die Taufe, die Hochzeit und Beerdigung. Evangelische und katholische Christen haben auch ein Fest, an dem man zu ersten Mal am Abendmahl teilnimmt – die Kommunion und die Konfirmation. Wir griechisch-orthodoxen Christen feiern solche Feste nicht. Besondere Feste sind bei uns Weihnachten, Ostern und Pfingsten.

Sieben Wochen vor Ostern ist unsere Fastenzeit. Man isst und trinkt normal. Aber man verzichtet auf bestimmte Speisen. Erwachsene trinken in dieser Zeit oft keinen Alkohol.

Zu Hause haben wir eine Bibel und Figuren von Maria und Jesus. Auch schöne Bilder, die Ikonen, schmücken Kirchen und Häuser der Christen.
Mehrmals am Tag beten wir: Beim Aufstehen und vor jeder Mahlzeit. Abends bete ich zum Einschlafen das Vaterunser.

Einmal in der Woche gehen wir Kinder zum Bibelunterricht in der Kirche. An der Schule haben wir zwei Stunden pro Woche Religionsunterricht. Den hält entweder der Pfarrer oder unsere Religionslehrerin. Meist besprechen wir da Geschichten aus der Bibel und dürfen sie gestalten.

☞ Ordne die Bilder den Aussagen des Textes zu.

Das Vaterunser auf Arabisch

Abānā allady fy assamawāt liyataquddas ismuka

Liya´ti malakutuka litakum maschy´atuka kamā fy.

Assamā kadalika ealā alarḍ.

Chubzonā kafāfanā aeṭinā alyaum.

Waiġfir lanā dunbanā kama naġfin naḥnu ayḍan

lilmudnibyn ilayanā walā tudchilnā fy tagriba.

Lakin naggina min aschschiryr lianna laka almulk.

Walquwwa walmayd ila alabad - Āmin.

(Übertragung: Samir Akel).

d: (z.B. in allady): wie im englischen the bzw. this
g: Der Buchstabe g wird wie „Etage" gesprochen (tagriba = taschriba)

Mahmud ist Muslim

Mahmud erzählt:
Ich gehöre der Religion des Islam an.
Wir Muslime glauben an den einen Gott. Der Propheten Mohammed hat uns die Botschaft von Gott verkündet und sie in unserem heiligen Buch aufgeschrieben – dem Koran.
Den Koran berühren wir nur mit gewaschenen Händen. Bei uns steht er ganz oben im Regal, damit man ihn nicht einfach so anrührt.
Fünfmal am Tag beten wir – immer in Richtung Mekka. Diese Stadt liegt in Saudi-Arabien, also im Süden. Dort hat der Prophet Mohammed gelebt.
Zum Beten habe ich einen Teppich. Auf dem stehe, sitze und knie ich vor Gott.
Ich habe eine Perlenkette mit 99 Perlen. Mit der soll man jeden Tag die 99 schönsten Namen Gottes sprechen.
Am Freitag gehen wir in die Mosche, unser Gotteshaus. Von außen erkennt man sie an der Kuppel und dem Turm, dem Minarett. Auf dem Turm ruft der Gebetsrufer, der Muezzin, täglich fünf Mal zum Gebet.
Innen sind die Wände schön verziert. Auf dem Boden liegen Teppiche. Vor der Moschee zieht man die Schuhe aus und wäscht sich. Man hat seine besten Kleider an. Frauen und Männer beten getrennt.
Ein Imam steht vorne und betet vor. Am Freitag hält er eine Predigt.
Viele Feste feiern wir. Da gibt es Lebensfeste wie das Fest der Namensgebung nach der Geburt oder die Beschneidung der Jungen, die zwischen dem fünften und dem zehnten Lebensjahr sein kann. Auch Hochzeit und Beerdigung spielen bei uns eine große Rolle.
Bei den Festen im Jahr ist der Ramadan, unser Fastenmonat, besonders wichtig. Tagsüber darf man nichts essen und trinken. Erst wenn die Sonne untergeht ist „Iftar", das Fastenbrechen. Mit unseren Nachbarn stellen wir auf der Straße Tische auf und teilen das Essen.
Während des Opferfestes denken wir an die Menschen, die zu dieser Zeit nach Mekka eine Wallfahrt machen. Jeder Muslim soll nämlich einmal im Leben dorthin.

Einmal in der Woche besuche ich den Koranunterricht. Darin lernen wir das Wichtigste über den Koran. Außerdem haben wir an der Schule Religionsunterricht. Dort haben wir Religionsbücher, mit denen wir viel über unseren Glauben lernen.

☞ Ordne die Bilder den Aussagen des Textes zu.

Die Schahada auf Arabisch

Jeder Muslim betet fünf Mal am Tag.
Im Heiligen Buch der Muslime, im Koran, steht dazu:

*Lobpreise deinen Herrn
vor Sonnenaufgang und Untergang
und in den Stunden der Nacht preise ihn
und an den Enden des Tages.*

Die *Schahada* ist einer der wichtigsten Sätze im Islam.
Man spricht ihn bei vielen Gelegenheiten.
Mit ihm beginnt das Gebet, das man fünf Mal am Tag spricht.
Muslime sagen:

> *Aschhadu an
> la ilaha illallah –
> wa Aschhadu anna
> Muhammadun rasulullah.*
>
> *Ich bezeuge:
> es gibt keinen Gott außer Allah.
> Und ich bezeuge:
> Muhammad ist der Gesandte Gottes.*

Als Kalligraphie sehen diese
wichtigen Worte des Islam so aus:

☞ Welche Form kannst du
   erkennen?

☞ Warum hat der Künstler den
   Worten wohl diese Form
   gegeben?

Schule hier und dort

☞ Was verbindest du mit dem Wort „Schule"?

☞ Was kannst du alles in der Schule machen?

☞ Vergleiche deine Eindrücke mit dem, was Mahmud erzählt.

Mahmud erzählt:
Was ist, wenn ein Tag schulfrei ist?
Oder Ferien?
Für mich ist das weniger schön. Ich freue mich auf jeden Schultag. Warum?

Wenn ich keine Schule habe, dann muss ich mit meinem Vater und meinen Brüdern als Tagelöhner arbeiten.
Das ist in armen Familien ganz normal. Einfach so herumsitzen, wenn alle arbeiten: das geht nicht.
Ich gehe dann mit ihnen zu einer Baustelle oder zu einem Bauern, helfe beim Hausbau oder bei der Ernte mit. Das ist schwere Arbeit.
Früher hatte ich immer Angst, meine Eltern würden sagen: Schule – das ist reine Zeitverschwendung. Wir brauchen dich, damit unsere Familie durchkommt.
Auch anderen Freunden an der Schneller-Schule geht es so.
Wer bei uns ein kleines Stück Land hat, baut Obst und Gemüse an. Dann versucht man, die Ernte auf dem Markt zu verkaufen. Viel verdient man damit aber nicht.
Andere Kinder putzen Schuhe. Wieder andere machen für die Reichen Besorgungen.
Manche sammeln die Dosen und verkaufen sie an Schrotthändler.

Ich will unbedingt gut lesen, schreiben und rechnen können. Ich weiß, dass ich nur mit einem guten Schulabschluss später einmal eine gute Arbeitsstelle bekomme.
Ich will mein Geld mit einer Arbeit verdienen, die sinnvoll ist.
Mit dem Geld möchte ich meine Familie unterstützen. Und wenn ich später selbst einmal Kinder habe, sollen sie keine Not erleben.
So freue ich mich jeden Tag, wenn ich in die Schule kann.
Wenn meine Brüder morgens aus dem Haus gehen, weiß ich, dass sie einen Tag mit schwerer Arbeit vor sich haben. Das Lernen ist schwer, aber ich weiß, dass ich ohne Lernen keine Chance habe.

☞ Wenn du hörst: „Morgen fällt der Unterricht aus": Wie reagierst du?

☞ Aus welchem Grund reagiert Mahmud vielleicht anders?

Johannan und Mahmud kommen auf ihre Schule

Johannan erzählt:	Mahmud erzählt:
„Hamdulillah – Welch ein Glück!", rief meine Mutter. „Du darfst in die Schneller-Schule." Sie hatte einen Brief in der Hand und drückte mich an sich. Ich war da gerade fünf Jahre alt. Am Abend erklärte mir meine Mutter, was das heißt. „Du wirst im Wohnheim der Schule leben. Da bekommst du Essen und hast sogar ein eigenes Bett." Ich dachte mir: „Mein eigenes Bett haben – das wäre schon was". Doch dann dachte ich nach. Die ganze Nacht schlief ich kaum. Wenn ich nicht zu Hause wohne – wohin kann ich nachts gehen, wenn ich Angst habe? Bisher durfte ich immer zu meiner Mutter. Die nächsten Wochen wollte ich meine Mutter überreden, dass sie mich nicht auf diese Schule schickt. Wenn ich nur nicht so weit weg wäre von meiner Mutter, von meinen Geschwistern und von meinen Freunden. Meine Mutter brachte mich zur Schule. Zum Abschied sagte sie mir: „Es ist ein Glück, dass du hierher gehen darfst. Mache uns stolz! Wenn du es hier schaffst, kannst du eine gute Arbeit bekommen." So blieb ich mit gemischten Gefühlen hier.	Wir leben in einem Lager für Flüchtlinge. Meine Familie ist sehr arm – nur eine kleine Hütte haben wir. Meine älteren Geschwister konnten nur ein paar Jahre auf eine normale Schule gehen. So können sie gerade mal Lesen und Rechnen. Die Schneller-Schule liegt in der Nähe unseres Lagers. Schon mein großer Bruder wollte hierher. Doch leider war damals kein Platz für ihn frei. Dann haben es meine Eltern bei mir wieder versucht. Als der Brief kam, hat mein Vater vor Freude getanzt. Er nahm mich in seine Arme und sagte: „Inschallah – wenn Gott es will, dann wirst du es viel besser haben als wir. Aber du hast es jetzt auch selbst in der Hand. An der Schneller-Schule kannst du einen Schulabschluss machen und einen Beruf lernen." Dann kam der erste Schultag. Mein Vater brachte mich her. Da ich in der Nähe wohne, brauchte ich nicht im Wohnheim zu schlafen. Doch ich fragte mich: „Ob die, die hier wohnen, sich als etwas Besseres fühlen? Was denken die über Leute, die aus dem Lager kommen?" Ich war gespannt, was mich hier alles erwarten würde …

☞ Mit welchen Gefühlen kommen beide Kinder an die Schule?
Gestalte ein Farbenbild zu den Gefühlen.

☞ Wie war das bei dir an deinem ersten Schultag?

Der erste Schultag

Mahmud: Als ich zu ersten Mal das Schulgelände betrat, war ich beeindruckt, wie groß es ist.
Johannan und ich saßen nebeneinander. Wir sahen uns kaum an.
Aufgeregt und gespannt waren wir.
Alle waren neu an der „Schneller", wie alle die Schule hier nennen.

Johannan: Unsere Eltern hatten sich verabschiedet. Mahmud fiel das weniger schwer. Er schläft ja zu Hause.
Doch mir fiel der Abschied sehr schwer. Es war die erste Nacht ohne meine Mutter.
Dann begrüßte uns ein Lehrer. Ältere Schüler standen bei ihm. Sie führten immer zwei Kinder durch das Gelände.

Mahmud: Ich fragte den Jungen der neben mir saß, ob wir zusammen gehen. Es war Johannan. Er nickte und schaute etwas schüchtern aus.

Johannan: Dann hat uns ein älterer Junge gefragt: „Wer kommt mit mir?". Wir sind gleichzeitig aufgestanden und mit ihm mitgegangen.
„Ich bin Musa" sagte er. Er fragte uns, wer wir sind und woher wir kommen. Musa stammt aus einem kleinen Dorf. Er hat keine Eltern mehr.

Mahmud: Musa ging mit uns zuerst einmal über das riesige Gelände. Er zeigte uns das Wohnheim, den Streichelzoo, den Hochseilgarten, und den Spielplatz, wo Jungs Fußball spielen. Wir beide spielen gerne Fußball und so hatten wir viele Fragen.
Dann kamen wir zur Küche. „Hoffentlich gibt es hier Hummus", sagte Johannan. „Hey, das ist auch mein Lieblingsgericht", schmunzelte ich. „Klar doch", lachte Musa.

Johannan: Musa zeigte uns die Schulräume und die Werkstätten, wo die Jugendlichen einen Beruf erlernen.
Am Ende setzten wir uns und schauten über das Gelände. Wir sahen Olivenbäume, einen Garten, in dem Schüler arbeiteten, einen Spielplatz und eine Kirche. „Das ist die Christus-Kirche", erklärte Musa, der Muslim ist. „Da feiern die Christen ihre Gottesdienste."
„Ich bin Christ", sagte ich da.

Mahmud: Als Johannan das sagte, musste ich schlucken. Einen Christen hatte ich noch nie als Freund. Ich fragte gleich, ob auch Muslime ihr Gebet verrichten können. „Ja, in der Schule gibt es auch einen Raum dafür", sagte Musa.
Musa brachte uns wieder zur Schule. Unterwegs sahen wir eine Fahne, auf der eine Taube zu sehen war. „Das ist die neue Fahne unserer Schule", erklärte Musa. „Darauf seht ihr eine Friedenstaube. Schaut sie euch genau an. Sie ist aus dem Wort „As-salam – Frieden" gezeichnet.

Frieden spielt bei uns hier eine wichtige Rolle. Aber das werdet ihr schon selbst merken."

☞ Was entdeckten Johannan und Mahmud an ihrer Schule?

☞ Was gibt es an deiner Schule alles zu entdecken?

Johannan und Mahmud stellen ihre Schule vor

Wie viele Schüler gibt es auf der Schneller–Schule?
Ungefähr 250. Etwa 130 davon leben im Wohnheim der Schule.

Wie viele Kinder sind in einer Klasse?
Ungefähr 18 Kinder sind in einer Klasse.

Wie viele Schuljahre hat man Unterricht?
Bis zur zehnten Klasse.

Gibt es auch Mädchen an der Schule?
Königin Ranja hat vor ein paar Jahren den neuen Kindergarten eingeweiht, in dem es Mädchen gibt. Bald sollen Mädchen auch die Schule besuchen und im Wohnheim leben können.

Wie viele Muslime und Christen gibt es?
Es gibt etwa genau so viele christliche wie muslimische Schüler.

Wie lange muss man am Tag Hausaufgaben machen?
Nach der Schule brauchen wir ungefähr eine Stunde für die Hausaufgaben.

Was passiert auf dem Schulhof?
Meistens spielen wir Fußball oder reden mit unseren Freunden.

Wer betreut und lehrt die Kinder?
In jeder Klasse gibt es eine Klassenlehrerin oder Klassenlehrer.
Für die ganze Schule gibt es eine Psychologin.

Erzieherinnen betreuen die Wohngruppen – die „Schneller-Familien". Sie wohnen mit den Kindern zusammen. Manchmal sind auch Freiwillige oder Praktikanten da.

Was braucht ihr für den Unterricht?
Jeder von uns bekommt für den Unterricht Schulbücher und Hefte.
Wir brauchen Stifte und einen Ranzen. Die meisten haben auch ein Mäppchen. Allerdings sind Buntstifte für uns zu teuer. Für Sport brauchen wir Turnschuhe. Wenn wir schwimmen gehen brauchen wir eine Badehose. Das alles ist für manche Familien sehr teuer, besonders wenn sie viele Kinder haben.

Was ist für euch das Besondere an eurer Schule?
Johannan: Das Besondere sind für mich meine Freunde! Es macht keinen Unterschied, woher man kommt oder ob man Muslim oder Christ ist. Außerdem mag ich unser Schwimmbad sehr.
Mahmud: Für mich ist es wichtig, dass man hier eine Berufsausbildung machen kann – ob als Mechaniker oder als Schreiner.

Wieso hat die Schule diesen Namen?
Sie erinnert an einen Deutschen namens Theodor Schneller. Die Familie Schneller hat sich schon vor langer Zeit um arme Kinder hier gekümmert. Heute kümmert sich der Ev. Verein für die Schneller-Schulen in Deutschland um die Schule.

☞ Was ist ähnlich, was unterscheidet die Schneller-Schule von eurer Schule?

Meine Schule hat einen Namen

Johannan und Mahmud erzählen:
Unsere Schule ist nach einem Deutschen benannt – Theodor Schneller.

Er war Sohn von Johann Ludwig Schneller. Der hat im Jahre 1860 im Heiligen Land ein Waisenhaus gegründet hat. Dort kümmerte man sich um Kinder, die keine Eltern mehr hatten oder deren Eltern sie aussetzten.
Bald hat er gemerkt: Waisen kann man nur helfen, wenn sie eine Schulbildung bekommen und einen Beruf erlernen. So hat er eine Schule gegründet.
Über ihn sind auch schon Bücher geschrieben worden. Ein ganz altes ist in unserer Bibliothek.

Seine Söhne Ludwig und Theodor Schneller haben die Arbeit weitergeführt. Nach Theodor ist unsere Schule benannt.
Es gibt zwei Schneller-Schulen. Eine ist im Libanon. Unsere ist in Jordanien.

☞ Welchen Namen hat Deine Schule?
   Was kannst du darüber herausfinden?

Meine Schneller-Familie
Leben im Wohnheim der Schneller-Schule

Johannan: Ich lebe im Wohnheim der Schule. Die Gruppen dort nennt man „Familie". Insgesamt gibt es sieben davon – von den Erstklässlern bis zu den Jugendlichen, die eine Ausbildung machen.

Wir schlafen gemeinsam in einem Schlafraum. Gegen sechs Uhr werden wir geweckt. Dann waschen wir uns, machen unsere Betten und ziehen uns an. Da wir eine Schuluniform tragen, müssen wir uns wenig Gedanken darüber machen, was wir anziehen.

Jeder hat etwas zu tun. Zwei holen aus der Großküche den Tee in einem großen Kessel und das Frühstück. Meist gibt es Fladenbrot, Marmelade, Quark oder Streichkäse mit Zatar. Das ist ein Gewürz aus Thymian und Sesam.

Dann frühstücken wir gemeinsam. Anschließend spülen einige von uns ab und die anderen fegen den Raum.

Danach machen wir uns fertig für die Schule. Unsere Erzieher achten darauf, dass unsere Gruppe als Gemeinschaft zur Schule geht.

Nach der Schule treffen wir uns wieder, um Hausaufgaben zu machen. Unsere Betreuer helfen uns dabei. Dann haben wir Zeit zum Spielen. Meist gehen wir zum Fußballspielen oder zum Spielplatz.

Da wir Kinder im Wohnheim kaum ins Kino gehen können, veranstalten die Erzieher am Wochenende oft Kino für uns. Da es selten regnet, schauen wir uns abends meist draußen den Film an.

☞ Was würde dir daran gefallen, mit deinen Mitschülern in einem Wohnheim zu wohnen? Wo würdest du Probleme sehen?

Unser Schulalltag

Vor der Schule

Mahmud: Ich muss schon vor 6.00 Uhr aufstehen und zu Hause mithelfen. Dann frühstücke ich. Zum Frühstück gibt es meist Hummus, Fladenbrot und Gemüse. Mein Weg zu Schule dauert etwa 20 Minuten. Meist gehe ich mit anderen Freunden aus dem Lager. Von weitem hören wir schon die Schulglocke. Immer ein Schüler darf sie läuten.

Dann begrüßt uns die Schuldirektorin oder ihr Stellvertreter. Schüler hissen die Flagge Jordaniens und wir singen die Nationalhymne. Manchmal lesen Schüler uns Sprüche für den Tag, etwas aus der Bibel und dem Koran, oder wichtige Neuigkeiten aus der Zeitung vor.

Johannan: Vom Wohnheim aus gehen wir gemeinsam zur Schule. Dort stellen uns vor der Schule in Reihen auf. Jede Klassenstufe bildet eine Reihe. Vorne steht der Lehrer oder die Lehrerin, der oder die uns in der ersten Stunde unterrichtet.

Dann geht jede Klasse nacheinander in das Schulgebäude hinein.

☞ Wie sieht bei dir die Zeit vor dem Unterricht aus?

☞ Wo liegen Gemeinsamkeiten, wo Unterschiede zu deinem Schulalltag?

Der Unterricht

Mahmud: Gegen 8.00 beginnt bei uns die Schule. Unsere Stunden dauern rund 45 Minuten.

Es gibt Fächer wie Mathematik, Arabisch, Englisch, Deutsch, Sport, Geschichte, Erdkunde, Kunst, Religion, Musik und Computerunterricht. Das Besondere an unserer Schule ist der Deutschunterricht, weil unsere Schule ja von Deutschen gegründet wurde.

Mein Lieblingsfach ist Mathe. Wie man unsere Zahlen und Buchstaben schreibt, lernten wir in der ersten Klasse. Arabisch wird übrigens von rechts nach links geschrieben.

Arabische Zahlen (oben) und Buchstaben (unten)

Manchmal, wenn es Probleme bei uns gibt, hilft uns eine Frau im Unterricht. Das ist eine Psychologin.
In den Pausen spielen wir gerne Fußball.

Johannan: Meine Lieblingsfächer sind Sprachen: Arabisch und Deutsch. Religion mag ich auch ganz gerne, weil man da viel über seinen Glauben lernt. Die Religionsräume für Christen und Muslime sind im Schulhaus gut zu finden. Dort befinden sich die Zeichen beider Religionen.

Die Schule geht bis etwa 14.00. In der Mittagspause bin ich meist in meiner Schnellerfamilie. Dort esse ich zu Mittag.

Mahmud: Kinder wie ich, die nicht hier wohnen, haben etwas zu essen dabei. An Ramadan ist die Schule oft früher aus, weil wir Muslime fasten.

Nach dem Essen machen wir gemeinsam Hausaufgaben. So können wir uns gegenseitig helfen.

Johannan: Nach den Hausaufgaben ist Zeit zum Spielen, für Fußball oder, wenn es heiß ist, fürs Schwimmen.

☞ Zeige Gemeinsamkeiten und Unterschiede zu deinem Schulalltag auf.

Freizeit aktiv

Spielplatz

Fußball

Schwimmen

Hochseilgarten

Streichelzoo

Barfußpark

Johannan erzählt:
Bei uns gibt es viele Möglichkeiten, die Freizeit zu gestalten. Es gibt einen Spielplatz. Dort ist immer etwas los. Fußball steht bei uns ganz oben.
Dann gibt ein Schwimmbad. Bei uns in Jordanien wird es oft sehr heiß. Da tut eine Abkühlung richtig gut.
Im „Garten der Sinne" gibt es Pflanzen und Kräuter, die man riechen, tasten und fühlen kann. Außerdem ist dort ein Weg, auf dem man ohne Schuhe unterschiedliche Dinge mit den Füßen ertasten kann. Um den kümmert sich eine Arbeitsgemeinschaft an der Schule – also wir Schüler selbst.
Im Hochseilgarten kann man klettern und sich auch in die offenen Arme von Mitschülern fallen lassen.
Auch der Streichelzoo ist ungewöhnlich. Früher hätte ich nie einen Hund oder einen Esel gestreichelt. Jetzt mag ich das gerne.
Wer gerne liest, hat bei uns eine Bibliothek. Auch gibt es einen Computerraum. Abends, wenn Mahmud nicht mehr da ist, spiele ich gerne mit jemand noch ein wenig Schach oder Brettspiele.

☞ Was hast du von dem alles auch schon gemacht?

☞ Denke nach: Meine Freizeit verbringe ich …

Einen Beruf lernen

Mahmud erzählt:
Für mich ist es wichtig, dass ich am Ende der Schulzeit einen Beruf habe.
In der Schneller-Schule gibt es eine Schreinerei, eine Schlosserei und eine Autowerkstatt. Zwei Jahre geht die Ausbildung. Am Ende erhält man ein Zeugnis. Dadurch hat man eine gute Chance, eine Arbeit zu bekommen.
Ich habe vor einiger Zeit Musa besucht, den Jungen, der uns am ersten Tag in der Schule herumgeführt hat. Er ist inzwischen 17 Jahre alt. Musa will Automechaniker werden. Jeden Tag ist er in der Werkstatt. Er sagt: „Später will ich selbst eine Autowerkstatt haben."

Autowerkstatt

Ich möchte vielleicht später einmal Schreiner oder Tischler werden. Mit Holz zu arbeiten mag ich gerne. Mein Traum wäre eine eigene Werkstatt, in der ich schöne Möbel herstellen kann.

Johannan erzählt:
Unser Direktor hat uns neulich berichtet, dass die Schule weitere Ziele hat. Auch für Mädchen soll es Möglichkeiten für eine Ausbildung geben – eine Hotelfachschule und Ausbildungskurse mit dem Computer. Er möchte auch, dass die Schule bei Festen in einer Gemeinde oder einem Dorf für den Koch und das frisches Essen sorgt. So könnten Jugendliche auch zu Köchen ausgebildet werden.
Wir haben in der Schneller-Schule bereits einen tollen Koch. Mit dem habe ich schon gesprochen. Wenn alles gut geht, möchte ich bei ihm in die Lehre gehen.

Schreinerei und Schlosserei

☞ Erkundige dich: Wo und wie lernt man bei uns einen Beruf?

☞ Was wäre dein Traumberuf?

Interview mit Musa al Munaizel, pädagogischer Berater der Schule

Welche Kinder besuchen Ihre Schule?
Unsere Schule ist ein ganz schön bunter Haufen. Alle Kinder verbindet, dass sie es im Leben nicht leicht haben. Ich nenne sie Schicksalskinder: Das Schicksal hat sie hier zusammengeführt.

Und ich nenne sie auch Friedenskinder. Sie lernen, miteinander zu leben und auszukommen, trotz unterschiedlicher Herkunft und Religion.
Da sind Kinder wie Johannan, die einen Elternteil verloren haben oder Waisen sind. Da gibt es Kinder wie Mahmud aus dem benachbarten palästinensischen Flüchtlingslager. Dort leben mehr als 120.000 Menschen, teils in schlimmer Armut. In letzter Zeit kommen Kinder von Familien, die aus dem Irak geflohen sind – vor Krieg und Gewalt.
Manche der Kinder haben sich sogar auf den Straßen als kleine Bettler durchgeschlagen.

Was lernen die Kinder hier?
Sie bekommen zunächst eine Schulausbildung, was für diese Kinder nicht selbstverständlich ist. Und wir bereiten sie auf das Berufsleben vor.

Am wichtigsten aber ist, dass wir ihnen Lebensmut machen. Sie sollen selbstbewusst durchs Leben gehen. Wir wollen Gewalt umwandeln in kreative Energie. Wer sich negativ empfindet, entfaltet Kräfte, die ihn selbst zerstören.
Deshalb arbeiten wir auch mit Psychologen. Sie reden mit den Kindern oder lassen sie Bilder malen. So kommen sie ihren Problemen auf die Spur.

Schließlich lernen die Kinder und Jugendlichen hier, Verantwortung zu übernehmen. Wohn- und Essräume, die Werkstätten und die Schulräume werden selbst sauber gemacht.

Welche Ziele hat die Schule?
Unsere Schule will für andere ein Vorbild sein. Hier sollen künftig Studenten und Lehrer in der Friedensarbeit ausgebildet werden.

Wie wird die Arbeit finanziert?
Der größte Teil der Kosten wird durch Spenden und Zuwendungen der Kirchen aus Deutschland und der Schweiz getragen. Gelegentlich unterstützt die Deutsche Botschaft in Amman ein Projekt.
Wir versuchen, auf eigenen Beinen zu stehen. Doch auch 50 Jahre nach ihrer Gründung ist die Schneller-Schule in Amman auf Unterstützung angewiesen.

Frieden spielen – wie geht das?

> Einmal sagte einer:
> Lasst uns
> **Krieg**
> spielen!
> Sofort sind alle dabei.
> Spielen mit Schwertern,
> Ritter gegen Ritter.
> Sie spielen mit Gewehren
> Cowboys gegen Indianer.
> Sie spielen mit Bomben
> die großen Kriege der Welt.
>
> Lasst uns
> **Frieden**
> spielen,
> sagt ein anderer.
> Die Kinder schauen bloß
> und fragen:
> Wie geht das?

☞ Schreibe den Text weiter.

Was bedeutet für dich Frieden?
Schreibe dies rund um den Stern.

Frieden heißt: Miteinander reden können!

Johannan: Bei uns an der Schneller-Schule treffen wir uns einmal in der Woche in der Aula der Schule. Dort sprechen wir in der Schulgemeinschaft über Probleme. Das will gelernt sein.

Am Anfang singen wir ein Lied.
Meist leitet ein Erzieher das Gespräch.
Einer nach dem anderen wird aufgerufen, etwas zu sagen.
Für mich war das am Anfang schwierig. Ich war als Kind sehr ruhig. Anderen gegenüber habe ich mich kaum getraut, etwas zu sagen. Oft hatte ich Angst gehabt, ich würde auffallen. Ich wollte keinem sagen, dass ich Christ bin.
Hier werden wir aufgefordert, etwas über ein Thema und die Schule zu sagen.
Ich habe mir überlegen müssen, wie ich Sätze anfange. Dann ging vieles leichter. Meine Erzieherin in der Schneller-Familie hat mir dabei geholfen.
Irgendwann habe ich sogar zugegeben, dass ich am Anfang meine Mutter sehr vermisst habe. Keiner hat mich deswegen gehänselt. Aber Erstklässler haben mich dann angesprochen und mir erzählt, dass es ihnen gerade auch so geht.

Mahmud: Für mich war das am Anfang auch schwierig. In meiner Familie haben alle wild durcheinandergeredet. Nur wer laut war, wurde gehört.
Ansonsten hat im Flüchtlingslager kaum einer darauf gehört, was ich als Kind zu sagen habe.
Hier an der Schneller Schule lernen wir, einander zuzuhören.

☞ Welche Rolle spielt ein solcher Gesprächskreis für ein friedliches Miteinander?

☞ Würde so etwas auch in deiner Schule funktionieren?

☞ Schreibe drei Sätze auf, mit denen du eine Rede über das Thema „Miteinander" beginnen würdest.

Frieden heißt: Vergeben!

Auf dem Schulhof gab es Streit:
Mahmud hat beim Fußballspielen den Ball zu weit geschossen.

Er traf einen anderen Jungen.
Sofort warf der einen Stein.
Der traf Mahmud am Kopf.
Voller Wut nahm Mahmud den Stein
und wollte zurückwerfen.
Doch als er ausholte,
hielt Johannan seine Hand fest.
„Was soll das!", rief Mahmud.
„Du bist doch mein Freund.
Jetzt hilfst du dem da!"
Doch Johannan sagte:
„Spinnst du?
Sind wir hier im Krieg?
Wie soll das weitergehen?
Schmeißt ihr euch solange Steine an den Kopf, bis einer tot umfällt?"
Mahmud verstand die Welt nicht mehr.

Hatte er nicht gerade einen Stein an den Kopf bekommen? Und nun ist sein Freund gegen ihn?
„Aber der hat doch angefangen", sagte er.
„Ja klar, und wenn er von der Brücke springt, dann hüpfst du hinter her!
Jesus hat einmal gesagt: `Auge um Auge, Zahn um Zahn, das kann nicht gut gehen´. Da hat am Ende ja keiner mehr ein Auge oder einen Zahn".
Mahmud schaute Johannan an.
Laut dachte er:
„Wenn der Stein ihn schwer verletzt hätte, dann hätte er sich noch mehr gerächt. Jedenfalls hätte ich Ärger bekommen".
„Jetzt bringe ich dich zuerst einmal zur Krankenstation", sagte Johannan.
Mahmud wurde verarztet. Dann kam der Junge kam, der den Stein geworfen hatte. Er entschuldigte sich und sagte, dass es ihm sehr Leid tut.
Mahmud vergab ihm.

☞ Was wäre, wenn Johannan nicht eingegriffen hätte?

☞ Wie hättest du wohl reagiert?

☞ Schreibe verschiedene Möglichkeiten auf, mit welchen Worten man einem anderen vergeben kann.

Frieden heißt: Keinen ausgrenzen!

Ein Neuer kam in die Klasse.
Er sprach nicht mit den anderen und schaute sie kaum an.
„Ein komischer Kauz", dachten alle. Bald merkten ein paar Jungs, dass der Neue sehr schreckhaft war. Immer wieder stellten sie sich hinter ihn und klatschten ganz laut.
Jedes Mal fiel der Junge auf den Boden und hob die Hände über seinen Kopf. Dann hänselten ihn die Jungs und riefen „Angsthase, Angsthase..!"
Auch Johannan machte mit.
„Es ist doch lustig", sagte er zu Mahmud.

Mahmud kam das Ganze merkwürdig vor. Er fragte einen Lehrer, was es mit dem Jungen auf sich hat.
Mahmud hörte: Der Junge stammt aus dem Irak. Dort herrschte Krieg.
Bei einem Bombenangriff wurde das Haus des Jungen getroffen.
Sein Vater und seine Geschwister starben. Nur seine Mutter und er überlebten. Sie sind dann nach Jordanien geflohen. Seither ist der Junge stumm.
Wenn er laute Geräusche hört, reagiert er sehr schreckhaft und möchte sich verstecken. .
Mahmud ging zu Johannan.
„Hast du gesehen, wie der Angsthase zu Boden gegangen ist? Der fliegt ja schneller als ein Hammer nach unten", lachte er.

„Ist dir eigentlich klar, was du da machst?", fragte Mahmud. „Alle gegen einen – das ist ja richtig toll, oder?"
Johannan kam sich ziemlich schäbig vor. „Du hast recht. Früher wurde ich als Christ von den Kindern in der Nachbarschaft auch immer gehänselt.
Hast du herausgefunden, was mit dem Jungen los ist?"
Mahmud erzählte seinem Freund die Geschichte. Nun kam der sich noch erbärmlicher vor.
In den nächsten Tagen schützten Mahmud und Johannan den Jungen – wie eine Leibwache. Wenn einer ihn erschrecken wollte, schauten die beiden Jungs böse und stellten sich vor ihn.
Nach drei Tagen lächelte der Junge zum ersten Mal.

☞ Welche Gründe kann es geben, dass jemand in einer Gruppe ausgegrenzt wird?

☞ Was kannst du dagegen tun, wenn jemand ausgegrenzt wird?

Frieden heißt: Mit der Schöpfung sorgsam umgehen

Mahmud: Wenn Menschen in arabischen Ländern auf der Straße Hunde sehen, nehmen sie sofort Steine in die Hand. Warum? Viele Hunde leben hier in freier Wildbahn und sind gefährlich. Wenn sie dich beißen, kannst du krank werden.

Muslimen sehen sie als unreine Tiere an. Andere Tiere wie etwa Esel, Hühner oder Hasen sind für uns nur zum Essen da. Deshalb streichelt sie auch niemand.

Bei uns in der Schneller-Schule haben wir einen Streichelzoo. Da gibt es Hunde, Esel, Hasen, Hühner und Enten. Manchmal gehen wir dorthin und lernen, mit diesen Tieren umzugehen.

Neulich war eine Studentin aus Deutschland da. Die hat uns erklärt: Wenn ein Esel seine Ohren nach hinten stellt, mag er etwas nicht. Als ich aufsteigen wollte, stellte er die Ohren nach hinten. Da wusste ich, dass ich das besser sein lassen sollte. Ich habe hier das erste Mal im Leben einen Hund gestreichelt. Und er hat nicht nach mir geschnappt. Da habe ich gemerkt: Auch mit Tieren ist es möglich, Frieden zu schließen.

Johannan: Dann haben wir noch einen Sinnespark. Mit verbundenen Augen können wir über verschiedene Materialien aus der Natur gehen. So etwas habe ich noch nie gemacht. Irgendwie ist es ein tolles Gefühl, die Schöpfung so erleben zu können.

Die großen Jungs helfen, auf unserem Schulgelände eine Bio-Farm aufzubauen. Überall werden Pflanzen mit giftiger Chemie besprizt – nur hier nicht. Das Gemüse kommt dann in unsere Küche. Wenn wir mehr pflanzen können, kann die Schule damit sogar Geld verdienen. Eine andere Bio-Farm in Jordanien gibt es nämlich nicht.

☞ Was hat der Frieden mit der Natur mit dem Frieden in der Welt zu tun?

Frieden heißt: Teilen!

Johannan erzählt:

Mitten in der Adventszeit bekam unsere Schneller-Schule einen Brief. Als ich in die Wohngruppe kam, bemerkte ich das Lächeln unserer Erzieherin.

Sie rief uns im Wohnzimmer zusammen und legte den Brief auf den Tisch. „Ihr habt eine Einladung von einer reichen Frau bekommen. Sie lädt alle christlichen Kinder ein, mit ihr Weihnachten zu feiern!"

Am nächsten Tag erzählte ich Mahmud davon. Er schaute mich traurig an.

Die kommenden Tage waren komisch. Irgendwie stand die Einladung zwischen uns. Einerseits freute ich mich sehr. Andererseits spürte ich, dass mein Freund sehr traurig war.

Dann war es soweit: Mit Bussen wurden die christlichen Kinder zu einem großen Haus gebracht. Die reiche Frau wartete auf uns mit einem tollen Weihnachtsessen. Am Ende gab sie jedem von uns ein Weihnachtsgeschenk: Fünf Dinar! Das ist viel Geld für uns. Wir bedankten uns sehr dafür.

Auf dem Heimweg überlegte ich:
„Fünf Dinar! Endlich kann ich mir einen neuen Rucksack kaufen. Oder eine neue Jacke. Oder so viel Süßes, bis mir schlecht wird."

Doch dann dachte ich an das traurige Gesicht von Mahmud und an unsere muslimischen Freunde an der Schule. Sie durften nicht mitfahren und hatten auch kein Geschenk bekommen.

Dann dachte ich an die vielen Jesusgeschichten, die wir aus der Bibel kennen. Vor meinen Augen stand ein Glasfenster der Kirche unserer Schule, das die Weihnachtsgeschichte zeigt. Und ich dachte an den Sinn von Weihnachten.

Jesus hat den Menschen Gutes getan. Dann sagte ich den anderen: „Ich will meine fünf Dinar mit Mahmud teilen. Wollt ihr das nicht auch tun?"

Nicht alle waren begeistert. Aber schließlich stimmten sie zu.

Unsere Freunde freuten sich sehr.

Wir tanzten miteinander, lachten und sangen. Und wir schmiedeten gemeinsam Pläne, was wir mit dem Geld anfangen würden.

☞ Überlege, was die Kinder mit dem gemeinsamen Geld nun tun könnten?

☞ Erinnere dich an eine Situation, in der du geteilt hast.
   Welche Gefühle hattest du dabei?

☞ Fällt dir eine Gelegenheit ein, wo du teilen könntest?

Frieden heißt: Freundbilder statt Feindbilder!

Mahmud erzählt:

Wir Menschen haben viele Feindbilder. Muslime schimpfen über Christen und umgekehrt. Manche Jordanier schimpfen über Flüchtlinge – Palästinenser oder Iraker. Und Flüchtlinge schimpfen über hochnäsige Jordanier. Männer schimpfen über Frauen, Alte über Junge und umgekehrt.

Einmal hat einer gesagt:
„Ein Feindbild ist der Anfang von Gewalt. Ein Freundbild ist der Anfang des Friedens."

Johannan und ich haben überlegt, was dies bedeuten könnte. Er meint: In jedem Menschen kann ein Freund stecken.

Johannan hat mir dann eine Geschichte aus der Bibel erzählt.

Jesus wurde einmal gefragt: „Was ist das wichtigste Gebot?" „Liebe Gott und deinen Nächsten wie dich selbst", hat er gesagt.

Der Mann fragte: „Wer ist aber der Nächste?". Darauf antwortete Jesus:

„Zwischen Jericho und Jerusalem wird ein Mann überfallen. Schwer verletzt liegt er am Weg. Ein Priester und ein Tempeldiener aus seinem Volk gehen vorbei und kümmern sich nicht. Dann kommt ein Mann aus Samaria – ein Fremder. Die Samariter gelten im Land als Feinde.

Der Fremde hält an und versorgt den Verletzten. Der Samariter bringt den Mann in eine Herberge. Dem Wirt gibt er Geld und sagt: `Kümmere dich um den Mann, bis er gesund ist. Wenn du mehr Geld brauchst, wirst du es bekommen´.

Jesus fragt den Mann: `Wer ist hier der Nächste?´ Da sagt der: `Der Samariter´. `Du hast recht´, sagt Jesus. `Nun geh, und handle wie dieser Mann.´

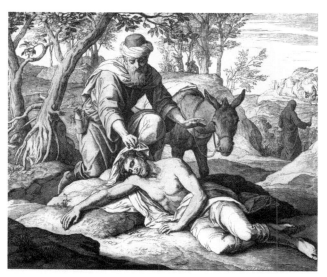

Darstellung des Barmherzigen Samariters (um 1860)

Diese Geschichte hat mich zum Nachdenken gebracht. Manchmal kommt Hilfe von einem, von dem man es nicht erwartet.

So kann jeder ein Freund werden, wenn er einem beisteht – auch ein Ausländer oder einer, der eine andere Religion hat.

☞ Was verbindest du mit den Worten …

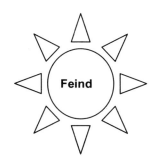 

☞ Was muss ein Feind tun, damit er ein Freund wird?

Frieden heißt: Nach Gerechtigkeit suchen!

Mahmud erzählt:
Hier haben die meisten Kinder erlebt, was Ungerechtigkeit heißt.
Ich komme aus einem Flüchtlingslager. Meine Familie musste aus Palästina fliehen. Dort hatten wir ein eigenes Haus und viele Olivenbäume. Daran muss ich immer denken, wenn ich bei der Olivenernte in der Schneller-Schule mithelfe.

Olivenernte an der Schneller-Schule

Meine Großmutter bewahrt noch den Schlüssel ihres Hauses in Palästina auf.
Ist meine Familie selbst Schuld, dass sie jetzt kein eigenes Haus und keine Olivenbäume mehr hat?
Johannan hat seinen Vater verloren.
Ist er also selbst Schuld daran, dass es seiner Familie schlecht geht?
Manche von den Kindern hier wurden von ihren Eltern schlecht behandelt. Können sie etwas dafür, dass sie in der falschen Familie zur Welt kamen?

Johannan erzählt:
Viele Kinder und Jugendliche fragen sich hier bei uns: „Geht es im Leben gerecht zu?"
Wenn ich die Welt anschaue, dann habe ich meine Zweifel.
Warum sind so viele Menschen reich und so viele arm? Kann man nicht den Reichtum besser verteilen?
Deshalb bin ich froh, dass ich hier an der Schneller-Schule sein kann. Hier kann ich auch lernen, gerechter mit anderen umzugehen, wenn ich mich selbst einmal ungerecht verhalte.

☞ Was ist für dich …

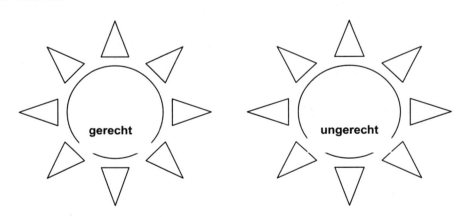

☞ Schreibe weiter: Wenn sich Menschen ungerecht behandelt fühlen…

☞ Was kannst du in deinem Umfeld dafür tun, dass es in der Welt gerechter zugeht?

Frieden heißt: Die Religion der anderen zu achten!

Mahmud erzählt:
„So ein Quatsch. Ein Christ kann doch nicht mein Freund sein!
Das habe ich früher wirklich gedacht."

Johannan lächelt:
„Auch mir ging es nicht anders. In meiner Gemeinde hat keiner der Jungs einen Muslim als Freund. Bei uns hieß es: Muslime verachten uns. Daher soll man nur Christen vertrauen."

Mahmud sagt:
„Uns wurde nur Schlechtes von den Christen erzählt. Sie glauben an viele Götter, hieß es. Und sie betrügen.
Das änderte sich erst hier in der Schule. Ich hörte, wie Johannan das Vaterunser betete. Auch Christen nennen Gott ja auf Arabisch Allah.
Ich fragte ihn, ob er nicht an mehrere Götter glaubte. So hat man es mir ja gesagt."

Johannan sagt:
„Das ist natürlich Blödsinn. Ich glaube an den einen Gott.
Dann unterhielten wir uns über unsere Religionen. Wir sprachen offen aus, was wir über die Religion des anderen gehört hatten. Immer wieder mussten wir lachen, denn es schwirrten viele Vorurteile bei uns im Kopf herum, die nicht stimmten. Allerdings gibt es auch Unterschiede. Bei uns ist Jesus Gottes Sohn.
Für Muslime ist er auch wichtig, ein ganz besonderer Prophet – der Bote Gottes. Mohammed ist für Muslime sehr wichtig und für uns nicht.
Wir beten anders. Und wir feiern andere Feste. Doch wir beide glauben: Gott hat die Welt erschaffen. Er steht uns Menschen bei. Und er will, dass wir in Frieden zusammenleben.

☞ Welchen Religionen gehören die Menschen um dich herum an?

☞ Was weißt du über diese Religionen?

☞ Kannst du Gemeinsamkeiten zwischen den Religionen nennen?

Frieden heißt: Aufeinander Rücksicht zu nehmen

Mahmud erzählt:
Ein besonderer Monat ist für uns Muslime der Fastenmonat Ramadan. Während dieses Monats dürfen wir von Sonnenaufgang bis Sonnenuntergang nichts essen und trinken.
Wenn Muslime unter sich sind, stärken sie sich. Aber wenn die einen fasten müssen, andere aber etwas essen und trinken, dann ist das Fasten noch härter.

Johannan erzählt:
Als ich noch kleiner war, habe ich mir nicht so viel Gedanken über die Religion der Muslime gemacht. Als ich Mahmud kennenlernte, fing er gerade mit dem Fasten an. Kinder brauchen im Ramadan noch nicht den ganzen Tag zu fasten. Aber sie wollen es so schnell wie möglich lernen. Als ich dann in einer Pause ein Fladenbrot aß und etwas Wasser trank, schaute Mahmud immer weg. Mir war es irgendwie peinlich.
Seitdem versuche ich, im Ramadan so lange nichts zu essen und zu trinken, wie Mahmud um mich herum ist.

Mahmud erzählt:
Mir machte das wirklich zu schaffen. Fasten ist anstrengend und Johannan hilft mir dabei, wenn er nicht vor meiner Nase etwas isst oder trinkt.
Auch hilft mir sehr, dass der kleine Kiosk der Schule, der „Schneller-Shop" auf unserem Spielplatz, in der Zeit des Ramadan geschlossen ist. Normalerweise kaufe ich mir dort gerne Süßigkeiten oder eine Orangenlimonade, wenn wir hier Fußball spielen.

Johannan erzählt:
Weil das so gut zwischen uns klappt, lädt mich Mahmud zum Fest am Ende des Fastenmonats eingeladen. Es wird „Fest des Fastenbrechens" oder auch „Zuckerfest" genannt. Da gibt es ein richtiges Festessen. Und natürlich gibt es auch Süßigkeiten, wie etwa Halwas.

Oben: Salatplatten. Unten: Halwas.

☞ Kennst du muslimische Kinder und Jugendliche? Frage sie, wie sie den Fastenmonat Ramadan begehen.

☞ Wie könntest du mithelfen, dass das Fasten den Kindern leichter fällt.

☞ Viele Christen verzichten zwischen Aschermittwoch und Ostern bewusst auf etwas, das ihnen schwer fällt – zum Beispiel Fernsehen oder Süßigkeiten. Welchen Sinn kann dies haben?

Frieden heißt: Die richtigen Worte zu finden!

Mahmud erzählt:

Wenn wir auf dem Pausenhof herumrennen, dann fällt schnell einmal ein böses Wort. Manche Kinder haben eine schlimme Kindheit gehabt. So kennen sie viele Schimpfwörter. Schnell fliegen dann die Fäuste.

Bei uns an der Schule lernen wir, mit Worten vorsichtig zu sein.

„Worte sind scharf wie Messer", sagt unser Lehrer.

Wir lernen zweierlei. Zum einem lernen wir, dass wir nicht so schnell ein Schimpfwort über andere sagen.

Dann lernen wir, Schimpfworte der anderen nicht immer so ernst zu nehmen. Das gelingt nicht immer.

Worte, die Unfrieden schaffen

Worte, die Frieden schaffen

Frieden heißt: Gemeinsame Regeln finden!

Regeln für eine friedliche Welt

1. Einander zuhören!

2.

Frieden heißt: In Hoffnung zu leben!

Johannan:
Ich hoffe, dass ich weiter so ein Miteinander von Christen und Muslimen erlebe wie hier.
Ich habe leider auch erleben müssen, dass der Glaube Grund für Streit und Gewalt war.

Ich wünsche, dass Menschen miteinander zu Gott beten können.
Sie sollen herausfinden, wo die Unterschiede zwischen den Religionen sind und diese respektieren.
Sie sollen vor allem nach Gemeinsamkeiten suchen und sich daran freuen."

Mahmud:
„Ich hoffe, dass es keine Flüchtlingslager mehr auf der Welt gibt.
Ich weiß, dass Millionen von Menschen auf der Welt so leben müssen.
Ich wünsche mir für alle, dass sie wieder zurück in ihre Heimat können und dass sie dort gerecht behandelt werden."

An einer Wand im Libanon ist dieser Spruch zu lesen:
„We need peace" – „Wir brauchen Frieden".

☞ Welche Hoffnung und welche Friedenswünsche hast du?
Schreibe sie auf.

Friedens-Buchstabensalat

Was gehört alles zum Frieden. In dem Feld sind 13 Begriffe versteckt.
Sie sind waagerecht, senkrecht und diagonal geschrieben.

1.	G	D	T	A	G	E	R	N	A	V	E	L	F	T	U
2.	E	T	I	A	Ö	U	A	D	F	E	K	O	M	P	R
3.	R	O	R	A	U	R	Q	M	A	R	A	F	I	A	U
4.	E	N	H	E	K	B	A	U	F	S	O	F	B	T	U
5.	C	S	U	S	C	O	E	E	U	Ö	U	E	S	E	M
6.	H	O	F	F	N	U	N	G	Ä	H	A	N	S	I	E
7.	T	R	A	M	K	L	T	I	K	N	Ü	H	D	L	F
8.	I	E	S	I	N	D	H	E	I	U	P	E	M	E	R
9.	G	N	N	T	K	F	E	G	W	N	O	I	E	N	E
10.	K	Z	E	G	E	D	K	E	O	G	E	T	C	M	U
11.	E	R	H	E	E	J	D	S	H	H	L	C	F	K	N
12.	I	K	E	F	D	L	X	U	L	L	Ä	J	E	N	D
13.	T	E	B	Ü	E	R	Z	N	S	S	Z	G	E	B	S
14.	V	I	E	H	N	P	U	D	T	T	O	G	F	W	C
15.	L	T	E	L	T	D	F	H	A	A	E	I	N	R	H
16.	B	I	L	D	U	N	G	E	N	N	O	S	B	D	A
17.	L	I	E	B	E	O	R	I	D	D	U	A	N	D	F
18.	W	R	U	V	E	R	S	T	Ä	N	D	N	I	S	T

Zeile: 1. Gerechtigkeit; Taube; 2 Versöhnung; 4. Teilen; 6. Hoffnung; 7. Mitgefühl; Freundschaft; 9. Gesundheit; Wohlstand 16. Bildung; 17. Liebe; 18. Verständnis

50

Friedens-Basteleien

Friedenstauben-Mobile

Für das Mobile werden die Vorder- und Rückseite der Taube zusammen- und ein Bindfaden dazwischengeklebt.
Die Bindfäden haben die gleiche Länge, damit das Mobile stabil bleibt.
Die Fäden werden an gleich lange Holzstäbe gehängt und stabilisiert.
Die Holzstäbe werden mit weiteren Fäden verbunden.

Tauben-Medaillon / Sticker

Die Vorlage kann man auf festes Kartonpapier auftragen und anmalen.

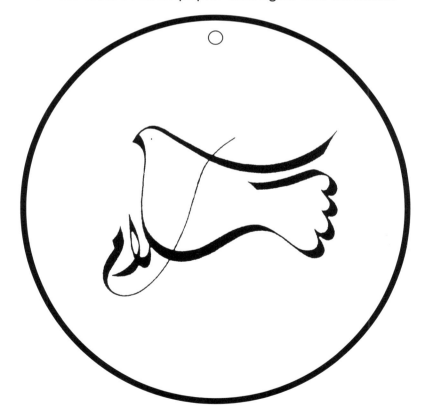

Transparentbild Friedenstaube „As-salam"

Das Bild stellt die Schneller-Friedenstaube mit dem arabischen Wort „As-salam" (Friede) dar.
Die Vorlage kann als Transparentbild gestaltet werden.
Die weißen Flächen werden ausgeschnitten und mit farbigem Transparentpapier hinterlegt.
Wenn man vier dieser Bilder zusammenfügt, kann man eine stehende Lampe daraus machen, in deren Mitte ein Teelicht gesetzt wird.

Anmalbild: Schneller-Freunde

Hoffnung auf Frieden – in der Bibel

Altes Testament

Ich will Gott hören.
Er sagt denen Frieden zu,
die ein gutes Herz haben.
Bei ihm küssen sich Gerechtigkeit und Frieden.
Gerechtigkeit schaut vom Himmel herab.
Gerechtigkeit geht vor Gott her,
und Heil folgt ihm nach.

nach Psalm 85

Alles wird neu.
Der Himmel wird neu
Und die Erde wird neu.
Alle Not wird vergessen sein.
Keiner muss mehr weinen.
Niemand muss mehr schreien vor Schmerzen.
Alle Menschen werden alt,
so alt wie die riesigen uralten Bäume.
Kein Kind muss mehr sterben.
Alle Menschen werden haben,
was sie zum Leben brauchen:
Wohnung und Essen.
Alles, wofür ein Mensch arbeitet,
wird ihm gehören.
Niemand wird es ihm wegnehmen.
Erwachsene und Kinder werden miteinander
Leben und alt werden.
Alle leben unter Gottes Schutz.

nach: Jesaja 65, 17.19b-23

Dann schmieden sie aus ihren Schwertern Pflugscharen
und Winzermesser aus ihren Lanzen.
Man zieht nicht mehr das Schwert, Volk gegen Volk.
Und übt nicht mehr für den Krieg.
Jeder sitzt unter seinem Weinstock
Unter seinem Feigenbaum
Und niemand schreckt ihn auf.

Micha 4

☞ Was sagen die Texte über den Frieden?

Neues Testament

Freue dürfen sich alle, die Frieden schaffen;
Denn sie werden Gottes Kinder sein.

Mt 5, 9

Ihr wisst, dass es heißt: 'Auge um Auge, Zahn um Zahn.'
Ich aber sage euch: Verzichtet auf Gegenwehr, wenn euch jemand Böses tut!
Mehr noch:
Wenn dich jemand auf die rechte Backe schlägt,
dann halte auch die linke hin.
Wenn jemand mit dir um dein Hemd prozessieren will,
dann gib ihm den Mantel dazu.
Und wenn jemand dich zwingt, eine Meile mit ihm zu gehen,
dann geh mit ihm zwei.
Wenn jemand dich um etwas bittet, gib es ihm;
wenn jemand etwas von dir borgen möchte, sag nicht nein.

Mt 5, 38-42

Gottes neue Welt ist wie eine Stadt,
aus Gold und Edelsteinen gemacht.
Gott selbst wohnt dort,
mitten unter den Menschen.
Leid und Schmerz und Trauer
wird es nicht mehr geben.
Alle Tränen werden abgewischt.
Der Tod hat keine Macht mehr.
In Gottes neuer Welt ist es schön
wie am Anfang der Welt.

nach Offenbarung 21-22

☞ Was sagen die Texte über den Frieden?

Hoffnung auf Frieden im Koran

As-salam – das bedeutet im Koran Hoffnung auf Friede und Versöhnung.
Es geht dabei um Wohlergehen, Gerechtigkeit und um Zufriedenheit und Harmonie.
Der Islam hofft auf den Frieden Gottes.

Es soll kein Zwang sein im Glauben. (2,256)

Ihr die ihr glaubt! Seid standhaft in Allahs Sache, bezeugend in Gerechtigkeit! Die Feindseligkeit eines Volkes soll euch nicht verleiten, anders denn gerecht zu handeln. Seid gerecht, das ist näher der Gottesfurcht. Und fürchtet Allah; wahrlich, Allah ist kundig eures Tuns. (5,8)

Sind sie jedoch zum Frieden geneigt,
so sei auch du ihm geneigt und vertraue auf Allah.
Wahrlich, Er ist der Allhörende, der Allwissende. (8,61)

Das sind die Gärten von Eden, in die sie (dereinst) eingehen..., und in denen sie (alles) haben, was sie wollen. So vergilt Allah denen, die (ihn) fürchten, die von den Engeln abberufen werden, nachdem sie sich gut verhalten haben. Sie (die Engel) sagen: Friede (as-salam) sei über euch! Geht in das Paradies ein (zum Lohn) für das, was ihr (in eurem Erdenleben) getan habt! (16,31-32)

(Sie werden in) die Gärten von Eden (eingehen), die der Barmherzige seinen Dienern ... versprochen hat... Sie hören darin kein (leeres) Gerede, sondern nur Friede. (19,61)

Frieden (as-salam) sei über einem, der der rechten Leitung (Gottes) folgt! (20,47).

Sei nun nachsichtig gegen sie und sage: Friede! (43,89).

Die Gläubigen sind ja Brüder. Stiftet drum Frieden zwischen euren Brüdern und nehmet Allah zu eurem Beschützer, auf dass euch Barmherzigkeit erwiesen werde. (49,9-10)

☞ Was sagen die Texte über den Frieden?

Friedensgebete

Herr, unser Gott, schenke uns Frieden.
Vertreibe schlechte Gedanken und gib der Rache keinen Raum.
Lass uns lachen,
und für jeden ein gutes Wort finden.
Lass es gerecht zugehen unter den Menschen,
sodass alle die gleichen Möglichkeiten haben.
Und gibt uns allen Kraft,
den Frieden zu suchen und ihn zu fördern.
Amen

Herr, mache mich zum Werkzeug deines Friedens,	
dass ich Liebe übe,	wo man sich hasst,
dass ich verzeihe,	wo man sich beleidigt
dass ich verbinde,	da, wo Streit ist,
dass ich die Wahrheit sage,	wo der Irrtum herrscht,
dass ich den Glauben bringe	wo der Zweifel drückt,
dass ich die Hoffnung wecke,	wo Verzweiflung quält,
dass ich ein Licht anzünde,	wo die Finsternis regiert,
dass ich Freude mache,	wo der Kummer wohnt.
Herr, lasse mich trachten,	
nicht nur, dass ich getröstet werde	sondern dass ich tröste;
nicht nur, dass ich verstanden werde,	sondern dass ich verstehe;
nicht nur, dass ich geliebt werde,	sondern dass ich liebe.
Denn wer da hingibt,	der empfängt;
wer sich selbst vergisst,	der findet;
wer verzeiht,	dem wird verziehen;
und wer stirbt,	erwacht zum ewigen Leben.

☞ Was bedeuten die Aussagen der Friedensgebete?

☞ Schreibt ein eigenes Friedensgebet, das zu euch passt.

Friedenslied aus den Schneller-Schulen

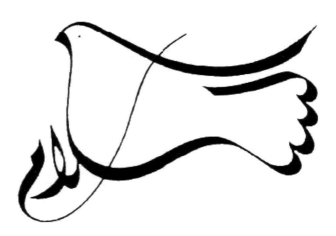

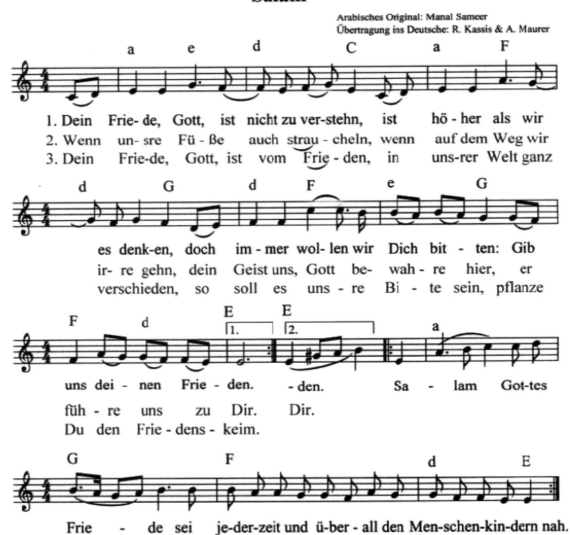

1. Dein Friede, Gott, ist nicht zu verstehn, ist höher als wir es denken, doch immer wollen wir Dich bitten: Gib uns deinen Frieden.
2. Wenn unsre Füße auch straucheln, wenn auf dem Weg wir irre gehn, dein Geist uns, Gott bewahre hier, er führe uns zu Dir.
3. Dein Friede, Gott, ist vom Frieden, in unsrer Welt ganz verschieden, so soll es unsre Bitte sein, pflanze Du den Friedenskeim.

Salam Gottes Friede sei jederzeit und überall den Menschenkindern nah.

http://www.ems-online.org/fileadmin/download/EVS/Liedblatt_SalamFP.pdf

Ein Psalm in viele Sprachen

Lobet und preiset ihr Völker den Herrn

nach Psalm 67,4-6;
EG 337

Deutsch Lobet und preiset ihr Völker den Herrn. Freuet euch seiner und dienet ihm gern. All ihr Völker lobet den Herrn.	**Portugiesisch** Povos da terra, louvai ao senhor. Com alegria, com tanto fevor. Todos os povos, louvai ao senhor.
Englisch Praise and thanks giving let everyone bring. Unto our Father for every good thing. All together joyfully sing.	**Indonesisch** Pujilah Tuhan hai isi dunia. Iayani dia hai bangsa bansa. memuliakan Tuhan allah.
Französisch Vous tous les peoples – louez le Seigneur et pleins de joie, ser'vez – le de tout cœur. Peu-ples, cé lébrez le Seigneur'!	**Koreanisch** Tschanjang kwa kyonbaeruel dschu kye dolyo. On baeksong modu da kippohane. Mankuk baeksong dschuruel Tschanyang.
Spanisch Que todos los pueblos canten al señor. Alegrense-e y si-irvanle. Todos los pueblos, canten al señor.	**TWI (Ghana/ Afrika)** Mo ninaye mo nipa enjna. Mo ninaye na monsom no yiye. Abode nynjare Yiyame aye.
Arabisch Sabbihu laha ya kulla lumam. Maggidu rabba ya kulla Schuub. Ku llu na falyaschkuru lah.	

Zusammengestellt von Michael Landgraf, „ReliBausteine Eine Welt" S.189.

☞ Singt miteinander das Lied in den unterschiedlichen Sprachen.

☞ Erkundigt euch: Wo spricht man überall diese Sprache?
Versucht auch herauszufinden, wie viele Menschen weltweit diese Sprache sprechen (z.B. bei www.weltsprachen.net).

☞ Der Psalm wird von Christen gesungen.
Finde etwas über das Christentum und die Kirchen in den Ländern heraus, wo die Sprachen gesprochen werden: beispielsweise in England, Frankreich, Lateinamerika (Spanisch und Portugiesisch), Indonesien, Korea, Ghana, im Libanon und in Jordanien.

Friedensdienst:
Freiwillig in einer Schneller-Schule

Es gibt Jugendliche, die aus Deutschland ein ganzes Jahr oder nur für ein paar Wochen freiwillig in einer Scheller-Schule arbeiten. Sie arbeiten im Wohnheim, im Streichelzoo und im Hochseilgarten mit. „Ein ganzes Jahr – das kann schon sehr lange werden", sagt Caro. „Aber man braucht die Zeit, um in die Arbeit hineinzuwachsen. Auch wird man nicht von Anfang an vollständig angenommen. Das liegt einerseits an der Sprache. Die Kinder sprechen nur Arabisch. Aber es liegt auch daran, dass manche gar nicht wissen, wer wir eigentlich sind".

Jeder, der ein Jahr in der Schule ist, arbeitet in einer Wohngruppe mit. So nehmen die Freiwilligen am Leben der Kinder teil. Caro hat ihren Schwerpunkt in der Betreuung der Jüngeren.

Chris leistet seinen Zivildienst hier an der Schneller-Schule ab. Er arbeitet mit den Jugendlichen und begleitet sie auch am Nachmittag. Als Zusatzaufgabe hilft er mit, die erste Bio-Farm in Jordanien hier aufzubauen.
Wer nur kurze Zeit da ist, übernimmt andere Aufgaben. Andreas beispielsweise arbeitet im Hochseilgarten, Simone im Kindergarten oder Carina im Streichelzoo. Sie sorgen mit dafür, dass Kinder die Angebote der Schneller-Schule auch nutzen können.

☞ Wenn du selbst oder Freunde Interesse haben, an einer Schneller-Schule mitzuarbeiten, informiert euch unter http://www.ems-online.org/oefp.html.

Teil 2: Unterrichtsbausteine Sekundarstufe 1 und 2 Konfirmandenarbeit / Erwachsenenbildung:

Die Schneller-Vision wird zur Mission
Impulse der Schneller-Bewegung für eine Schule der Hoffnung und des Friedens

Einführung in das Unterrichtsprojekt: Eine Schule des Friedens lebt von Vision, Mission und Kommunikation
- Frieden lebt von Begegnung und Dialog
- Auseinandersetzung mit der eigenen Biographie im Kontext globalen Lernens
- Das Schneller Jubiläumsjahr als elementarer Zugang zur Friedensthematik

☺ - ☺☺☺ markieren das Anspruchsniveau der Elemente

Baustein 1: Mission – ein Reizwort?

1.1. Informationen für die Hand von Lehrenden
1.2. Unterrichtsbaustein: Mission- Vom Reiz eines Reizwortes:
☺☺   Eigene Zugänge zum Missionsbegriff
☺   Die Schneller Bewegung als Missionsbewegung
☺☺☺ Das „Reizvolle" an Mission
1.3. Unterrichtsmaterialien:
☺   M1: Ein Vorfall in der S – Bahn und seine Folgen
☺☺   M2: Position beziehen – spielerisch Standorte einnehmen
☺☺   M3: Mission – ein Reizwort?
       Georg versucht Ilias zu verstehen und stößt dabei auf die Schnellers
☺☺☺ M4: Mission auf dem Prüfstand – ein Bewertungsbarometer
☺☺   M5: Mission – ein medienwirksames Wort? Ein Blick in die Tagespresse

Baustein 2: Meine Welt – Deine Welt: Lebenswelten von Jugendlichen in Deutschland und von Jugendlichen an der Theodor-Schneller-Schule (TSS) in Jordanien

2.1. Informationen für die Hand von Lehrenden
2.2. Unterrichtsbaustein: Lernstraße zur Lebenswelt von einem Jugendlichen in Jordanien
2.3. Unterrichtsmaterialien:
☺   M6: Leonie bringt ihren neuen Freund das erste Mal mit nach Hause
☺☺   M7: Schubladendenken – ein Spiel über vorurteilsfreie Wahrnehmung
       M8: Ilias lebt als Jugendlicher in Jordanien – eine Lernstraße
☺   Station 1: *Meine Familie prägt mein Leben* – Ilias erzählt von seiner Familie
☺☺☺   Station 2: *Ich habe ein Heimatland* – Ilias hat ein Heimatland: Palästina
☺☺   Station 3: *Ich lebe umgeben von Natur und Kultur* – Ilias zieht es in die Wüste und zu Ausgrabungen
☺   Station 4: *Meine Schule und was sie mir bedeutet* – Ilias ist Schüler der Theodor-Schneller-Schule in Amman
☺☺☺   Station 5: *Jugendliche und Religion* – Ilias gehört zu einer Religionsgemeinschaft
☺☺   Station 6: *Ich lebe in einer Gesellschaft* – Ilias lebt in einer Staatsgemeinschaft

Baustein 3 (Zeugnis): Namen tragen eine Message

3.1. Informationen für die Hand von Lehrenden
3.2. Unterrichtsbaustein: Meine Schule trägt einen Namen – Die Message der Schneller-Bewegung – ein Impuls für Frieden an unseren Schulen?
3.3. Unterrichtsmaterialien

- ☺☺ M9: Sag Deinen Namen und ich sage Dir, wer Du bist
- M10: Das Namhafte der Schneller-Bewegung – Historische Spurensuche
  - ☺☺ Abschnitt 1: Schnellers Kindheit und Jugend in Deutschland
  - ☺☺ Abschnitt 2: Schneller kommt in die Schweiz und weiter nach Jerusalem
  - ☺☺☺ Abschnitt 3: Schneller beginnt sein Lebenswerk in Palästina
  - ☺ Abschnitt 4: Das Syrische Waisenhaus entsteht
  - ☺☺ Abschnitt 5: Das Syrische Waisenhaus und sein Netzwerk
  - ☺ Abschnitt 6: Schneller bleibt konsequent bis zum Ende
  - ☺ Abschnitt 7: Schnellers Vision zieht Kreise
  - ☺☺☺ Abschnitt 8: Weitere Schneller-Schulen entstehen
  - ☺ Abschnitt 9: 150 Jahre Schneller-Message
  - ☺☺ Landkarte: Orte der Schneller-Bewegung
- ☺☺ M11: Spiel: Schneller-Activity – die Message der Schnellers spielerisch gestalten

Baustein 4 (Diakonie): Gemeinsam sind wir stark

4.1. Informationen für die Hand der Lehrenden
4.2. Unterrichtsbaustein: Einander dienen? Das Miteinander auf dem Gelände der TSS als Modell für gemeinschaftliches Zusammenleben in der einen Welt
4.3. Unterrichtsmaterialien

- ☺ M12: Notleidende Kinder und Jugendliche in Deutschland
- ☺☺ M13: Methode: world cafe
- ☺ M14: Notleidende Kinder und Jugendliche in Jordanien
- ☺☺ M15: Ilias erzählt von vier Freunden aus der TSS
- ☺☺ M16: Helfen verbindet

Baustein 5 (Dialog): Einladung zum Frieden

5.1. Information für die Hand der Lehrenden
5.2. Unterrichtsbaustein: Die TSS als Vorbild friedlichen Zusammenlebens in kultureller und religiöser Vielfalt ?
5.3. Unterrichtsmaterialien

- ☺ M17: Rezepte zum arabischen Vorspeisenbuffet
- ☺☺ M18: Konflikte friedlich lösen – Streitschlichterspiel mit Standpunktwechseln
- ☺☺ M19: Ein Friedenswunsch für Ilias und seine Freunde an der Theodor-Schneller-Schule in Amman

Einführung in das Unterrichtsprojekt

Eine Schule des Friedens lebt von Visionen, Mission und Kommunikation

Frieden braucht Visionen

Symbole des Friedens schmücken aktuell den Eingangsbereich der Albertville-Schule in Winnenden: Blumen, Freundschaftsbänder, Papiertauben usw. Die Erfahrung des Amoklaufes hat diese Schule in besonderer Weise herausgefordert, Visionen einer friedlichen Welt in der Schule miteinander zu teilen. Visionen vom friedlichen Zusammenleben in der einen Welt bilden auch den Horizont der Friedenspädagogik. Visionen kleiden Hoffnung in Bilder. Diese werden zu „kulturellen Quellen"[1], die um des Friedens willen Grenzen überschreiten und Gewalt überwinden. „Frieden leben lernen" zeigt sich in der Schule daran, welche Bilder und Hoffnungen vom Frieden wir in Jugendliche einpflanzen und zum Blühen erwecken.

Angesichts der vielen Konflikte um Besitz, Geltung oder Wahrheitsansprüche usw., die auch das Leben von Jugendlichen in Deutschland und Nahost prägen, steht Friedensarbeit immer in der Spannung von Vision und Resignation. Friedenspädagogik wird damit zum Prozess. Wer für den Frieden arbeitet, braucht Kraft, um Grenzen zu überschreiten, Rückschläge auszuhalten und stets neu anzufangen. Aus der Vision friedlichen Zusammenlebens in Schule, Familie und Gesellschaft folgt eine Strategie zum Handeln. In der Unternehmenssprache wird dieses Vorgehen mit den Begriffen Vision und Mission[2] beschrieben.

---

[1] Begriff nach Jürgen Habermas. Er bringt damit zum Ausdruck, dass hinter vernunftbedingten Regelungen Erfahrungen liegen, aus denen sich das Wertebewusstsein von Bürgern speist; vgl. ders(2005)Vorpolitische Grundlagen des demokratischen Rechtsstaates?, S.32f.
[2] „Mission und Vision dienen als Orientierung für die Unternehmensstrategie und werden in einem Leitbild festgehalten" Inszena New Consulting Group: http://www.inszena-group.com/sv_mission_vision_leitbild.php.

Mission als gelebte Vision wird hier zum Leitbild, an dem sich Handeln orientiert. In ähnlicher Weise, aber anders motiviert, versteht auch die Schneller-Bewegung ihre Friedensarbeit als gelebte Vision, die in der Gestalt der Mission konkret Gestalt annimmt.

Frieden braucht Mission

Das Wort „Mission" gehört zu den umstrittenen Begriffen unseres Alltags. Was im profanen Bereich reizvoll klingt im Sinne von „ich muss eine Mission erfüllen, d.h. meiner Pflicht nachgehen", wird im religiösen Kontext zum Reizwort im Sinne von Unterdrückung und Gewalt: Einige ärgert es z. B., dass junge Erwachsene christlich-freikirchlicher Prägung am Wochenende auf der Einkaufsstraße in Stuttgart verstärkt Straßenmission betreiben und – wie einst Johann Ludwig Schneller – mitten im öffentlichen Leben zu einer Begegnung mit Jesus einladen; andere fühlen sich bedroht durch Presseberichte über Selbstmordattentate, Gewalt gegenüber Frauen usw. aufgrund missionarischer Übergriffe, die fundamentalistischen Muslimen zugeschrieben werden. Erfahrungen wie die der Kreuzzüge oder der Türken vor Wien wirken bis heute unbewusst nach. Dabei dominiert die Vorstellung von Mission als kolonialer Bevormundung, Machtstreben oder Verletzung der Menschenwürde gegenüber der ursprünglich einladenden und freiheitsgewährenden Funktion des Begriffes. Hierbei geraten Christentum und Islam gleichermaßen ins Kreuzfeuer der Kritik, weil beide als Weltreligionen Heil für alle Menschen verheißen. Nach Apg.6 gehört die Mission als Zeugnis (Martyria) neben der Leiturgia (Gottesdienst), Diakonia (Dienst) und Koinonia (Gemeinschaft) zum christlichen Selbstverständnis des Lebens in und für die eine Welt.

Mission als Kommunikation des Evangeliums in Wort und Tat, die einlädt, aber nicht aufzwingt, ist – aus christlicher Sicht – in erster Linie Zuwendung zum Nächsten und

Fernsten. Gerade deshalb ist es äußerst problematisch, dass der Missionsbegriff heutzutage in den Medien oft missbraucht wird, um Gewalt zu legitimieren oder Menschen vor missionarischen Übergriffen zu warnen.

Frieden braucht Kommunikation

Insofern ist es angesagt, den einladenden und sozialen Charakter des Missionsbegriffs im schulischen Unterricht neu zu klären, interreligiös zu bearbeiten und dessen Bedeutung für den Prozess der Friedensstiftung herauszuarbeiten. Jugendliche sind auf der Suche nach Identität. Dazu befragen sie soziale und religiöse Systeme auf ihre persönliche Nützlichkeit hin. Sie erleben eine plurale Vielfalt an Glaubens- und Lebensmodellen und suchen darin ihren eigenen Weg. Die Auseinandersetzung mit der „Schneller Vision und Mission" ermöglicht es, Andersartigkeit und Fremdheit in- und außerhalb meiner selbst wahrzunehmen und eigenen Vorurteilen über unterschiedliche Glaubensvorstellungen nachzuspüren. Die Hoffnung besteht, dass Jugendliche, die in der Begegnung mit Jugendlichen der Schneller-Schulen lernen, kulturelle oder religiöse Andersartigkeit als Bereicherung des eigenen Lebens wahrzunehmen, das Motto des Schneller-Jahres verinnerlichen: „Frieden Leben Lernen".

Frieden lebt von Begegnung und Dialog

Der Bildungsplan für den RU in Baden Württemberg fordert die Bildung einer kommunikativen Kompetenz, die den Prozess von Wahrnehmung, Verstehen, Deuten und Auseinandersetzung umfasst.[3]

Eine kommunikative Kompetenz äußert sich laut Bildungsplan in:

A) der Fähigkeit, eigene Erfahrungen und Vorstellungen verständlich zu machen
B) der Fähigkeit, anderen Menschen zuzuhören, Rückmeldungen aufzunehmen
C) der Fähigkeit, unterschiedliche Sichtweisen aufeinander zu beziehen und gemeinsam nach Handlungsmöglichkeiten zu suchen.[4]

Im kommunikativen Lernprozess spiegelt sich – theologisch betrachtet – der Weg missionarischen Handelns als Begegnung. Nach christlicher Vorstellung bildet sich in der Kommunikation von Menschen das Handeln des dreieinigen Gottes ab, der in sich und für uns Beziehung ist durch:

A: Zeugnis – Gott bietet Freundschaft an

Jede christliche Vision vom friedlichen Zusammenleben, die zur Mission wird, beschreibt das einladende Verhalten Gottes, des Schöpfers und Vollenders[5]. Weil Gott allen Menschen unabhängig von Nation, Kultur, Religion oder Geschlecht seine Freundschaft anbietet, ist Gott der Akteur im Missionsgeschehen, der „missio dei". Menschen, die diese Vision umsetzen, werden in der Mission zu Handlangern Gottes.

B: Diakonie – Jesus lädt zur Nachfolge ein

Jede christliche Vision vom friedlichen Zusammenleben orientiert sich am Leben Jesu Christi. So wie Jesus sich ihm fremden Menschen an spezifischen Orten und in spezifischen Lebenssituationen individuell zuwandte, so ist missionarisches Wirken immer kontextuell, d.h. zeit-, orts- und

---

[3] Vgl. z.B. Bildungsplan Realschule, www.bildungsstandarts-bw.de, S. 5: *„Er (der evangelische Religionsunterricht) nimmt plurale Lebensverhältnisse, religiöse Phänomene und Sinndeutungsangebote auf. Er gibt Raum zur Wahrnehmung und Reflexion in individueller, gemeinschaftlicher und gesellschaftlicher Perspektive"*; S.6: *„Der evangelische Religionsunterricht dient in Dialog und Auseinandersetzung mit anderen Sinn- und Werteangeboten dem kulturellen Verstehen und der Gestaltung des gesellschaftlichen Miteinanders. Er befähigt, am „Streit der Wirklichkeit" teilzunehmen, indem er Schülerinnen und Schüler anleitet, eigene Positionen zu entwickeln und zu vertreten. Er möchte Begegnungen und fördert die Bereitschaft, andere Auffassungen zu tolerieren und von Anderen zu lernen."*
[4] A.a. O. S.6.
[5] Die Weltmissionskonferenz von 1952 korrigiert das koloniale Missionsverständnis des 19.Jahrhunderts und stellt klar: Inhalt und Akteur der Mission ist Gott selbst. Gott lädt Menschen ein, an seinem Geheimnis und seiner Schöpfung teilzuhaben, indem er sich Menschen offenbart.

persönlichkeitsgebunden. Diakonisches Wirken äußert sich z. B. an der Fähigkeit, in der Orientierung an Jesu zuhören zu können, sich auf Fremdes und Anderes neugierig einzulassen und sich insbesondere von der Not eines anderen Menschen betreffen zu lassen. Die „missio christi" befähigt zu solidarischem Denken und Handeln .

C: Dialog – der heilige Geist baut Brücken

Jede christliche Vision vom Frieden bildet das einladende Wirken des heiligen Geistes ab. So wie der Geist begeistert für die Sache Gottes und zugleich die Freiheit schenkt, das Evangelium anzunehmen bzw. abzulehnen, so erweist sich missionarisches Handeln als Prozess in Freiheit und Zwanglosigkeit. Die Vision vom Frieden lädt ein zur Freundschaft mit Gott und den Mitmenschen, nicht aber zum Gehorsam der Kirche, moralischen Gesetzen oder fundamentalistischen Bibelauslegungen gegenüber. Nur eine Mission, die den Geist der Freiheit atmet, wird unterschiedliche Sichtweisen von Gottes neuer Welt aufeinander beziehen können und die Vision von der Liebe und Gerechtigkeit Gottes zum Maßstab des Handelns erheben. Das einladende Wirken des Geistes zeigt, dass Mission ein unverfügbarer Prozess ist und bleibt, der auf Gemeinschaft (koinonia) zielt und von dieser getragen ist.

Wer nicht über eine kommunikative Kompetenz verfügt, steht in der Gefahr, medienüberlieferte Klischees nachzusagen, anstatt etwas selbst zu sagen (Eine Mission, die den Zeugnischarakter Preis gibt, ist oft manipulierend oder instrumentalisierend); andere zu vereinnahmen anstatt sich ihnen zuzuwenden; sich heraushalten anstatt sich einzumischen.

Eine Auseinandersetzung mit der Schneller-Vision fördert in besonderer Weise eine derartige kommunikative Kompetenzbildung, indem sie Schülern und Schülerinnen befähigt, neben der Dialog- eine Diversitykompetenz zu erwerben, die jeglicher Form von Diskriminierung entgegenwirkt.

Auseinandersetzung mit der eigenen Biographie im Kontext globalen Lernens

Die Schneller-Bewegung in Nahost weist viele Facetten auf. Sie eignet sich in besonderer Weise, das didaktische Konzept des Biographielernens (im Dialog mit faszinierenden und provozierenden Persönlichkeiten der Schneller-Bewegung)[6] unterrichtlich zu nutzen. Während in früheren Zeiten die Einladung von Missionierenden in den Religionsunterricht zu den Highligths im Schulleben gehörte, ist die Neugierde an fremden Ländern und Kulturen durch eigenes Reisen in reale oder virtuelle Welten heute bei etlichen Jugendlichen weitgehend befriedet. Dennoch begegnen Schülerinnen und Schüler dabei weniger Menschen, mit denen sie sich auseinandersetzen, als geschichtsträchtigen Orten oder Events. Ein Religionsunterricht, der kommunikative Kompetenz fördert, sollte deshalb eine Begegnung von Mensch zu Mensch ins Zentrum stellen. Idealiter wäre ein Dauergast im Unterricht, der durch seine Person einlädt zum „Lernen in Gegenwart des Anderen".

Da dieses realiter kaum möglich ist, wird über einen „realen Stellvertreter", eine medial vermittelte Person, originale Begegnung gesucht. Damit folgt der RU dem „Prinzip der Personalisierung" nach Werner Haussmann.[7]

Für die Sek. 1 und 2 ist es wichtig, das Leben von Jugendlichen aus einer „fremden Welt" in einen politischen, religiösen und kulturellen Kontext einzubinden, um globale Lernprozesse zu initiieren. Der Begriff des „Globalen" steht hier nicht im

---

[6] Biographielernen als ein an der Person Jesu orientierter Deutprozess von Wirklichkeit, bringt Schülerinnen und Schüler mit dem Leben eines besonderen Menschen in Auseinandersetzung, in dessen Spiegel sie ihr eigenes Leben bedenken und konstruieren. Vgl. Baur, Katja (2008) An und mit Biografien im RU Lernprozesse anregen, in dss: Wichern 2008-(k)ein Thema im Religionsunterricht? Münster S. 8ff.
[7] Vgl. zu diesem Prinzip: Lähnemann, Johannes: Interreligiöser Dialog und Religionsunterricht, in: EMS: Informationsbrief Nahost 8/2000, Stuttgart, S. 17.

landläufigen Sinne für einen Prozess der Liberalisierung von Handel, Arbeitskraft oder Wertebindung, sondern für einen Prozess der Auseinandersetzung mit anderen Kulturen, Religionen usw. in Vielfalt, Differenz und Komplexität. Ziel ist die Überwindung der „ismen", z. B. Rassismus, Kolonialismus und religiösem Fanatismus durch eine Wertschätzung von Pluralität. Derart globales Lernen ist anwaltschaftliches Lernen der Solidarität mit den Benachteiligten dieser Welt. Dazu ist ein systemischer Lernzugang notwendig, der die Wahrnehmung einer Erscheinung in einem spezifischen Kontext analysiert und die jeweilige Eigenart von Denk- und Handlungsmustern erkennt. Immer geht es dabei um die Auseinandersetzung mit Fremdheit, die im Sinne von Waldenfels als Phänomen verstanden wird, das die eigene Ordnungs- und Denkstruktur kreuzt. Das Fremde als das Außerordentliche ist herausfordernd und beunruhigend zugleich. Wichtig ist bei der Unterscheidung von Eigenem und Fremden, das Unbekannte nicht durch die eigene Brille zu betrachten oder unter eigenen Wertvorstellungen zu subsumieren (hermeneutischer Zirkel), sondern Fremdheit als Potential neuer Erkenntnisse verstehen zu lernen. Dabei ist eine Konzentration auf die Aspekte „Sinnsuche" und „Ethos des Zusammenlebens" entwicklungspsychologisch angemessen zu vermitteln – ohne moralischen Zeigefinger – sondern mit Empathie, Neugierde und Freude am Fremden. Um diese Neugier zu wecken, muss es zwischen dem Anderen und mir selbst einige auch erkennbare Gemeinsamkeiten geben, die den Kommunikationsrahmen für das Austragen von Differenz ermöglichen. Diese liegen im folgenden Unterrichtsprojekt z. B. bei gemeinsamen Interessen von Jugendlichen, bei ähnlichen Ausbildungskontexten oder einem christlich geprägten Elternhaus.

Damit deutsche Jugendliche auch Solidarität mit Palästinensern und bedrohten Christen in Nahost entwickeln, wird im folgenden Unterrichtsprojekt ein Jugendlicher mit christlichem Hintergrund als „realer Stellvertreter" (Globalisierungsverlierer) gewählt. Durch eine intendierte Nähe zu diesem jugendlichen Stellvertreter werden die deutschen Jugendlichen sensibel für Sorgen und Nöte von Menschen, die in Deutschland in Minderheitenreligionen leben. Sie lernen Ideen zu entwickeln, das Schicksal religiöser Minderheiten bei uns zu wenden und suchen nach Möglichkeiten im Rahmen jugendlicher Erlebnisbereiche.

Die Schneller-Bewegung als elementarer Zugang zur Friedensthematik

Weil der Nahostkonflikt zu den täglich bedrohlichen Nachrichten gehört, vermag eine Auseinandersetzung mit der Schneller-Bewegung in Nahost einen Hoffnung stiftenden Blick auf den Umgang mit Gewalt und Frieden werfen: „Kindern (S)schneller Zukunft stiften" steht für Gewaltprävention, Geborgenheit und Zukunft. Die Schneller-Vision bringt von Anfang an evangelische Christen (vor allem aus Württemberg) in Kontakt mit jüdischen und arabischen Siedlern in Nahost und baut Brücken in der Bildungs-, Sozial- und Dialogarbeit zwischen Okzident und Orient. Immer bilden die drei Ebenen der Kommunikation: Zeugnis, Diakonie und Dialog die Pfeiler der missionarischen Arbeit. Dass die Schneller-Bewegung dabei selbst einem historischen Wandel unterliegt, ist eine Chance, die vielen Facetten missionarischer Arbeit kennen zu lernen und auf ihre Aktualität hin zu prüfen.

Johann Ludwig Schneller, der 1860 die Schneller-Schule - sie hieß damals „Syrisches Waisenhaus" - in Jerusalem gründete, wollte den verwaisten und verwahrlosten Kindern in Palästina ein Zuhause und Bildung schenken. Er sammelte diese Kinder auf der Straße auf, um sie mit Hilfe der biblischen Tradition lesen und schreiben zu lehren, Regeln des Zusammenlebens zu achten und Gott als Mitte des Zusammenlebens zu glauben. Schneller gab sich und seine Familie ganz in diese Lebensaufgabe hinein. Schnellers Vision und seine Mission waren vom Gedanken der Bekehrung geprägt, zielten aber auf Wandel der sozialen Verhältnisse: Mission ist lichtvoll und bewirkt Heil.

Johann Ludwig Schnellers Motto: „Jedes Kind dieser Erde soll ein Zuhause haben" ist bis heute das Leitbild der Schneller-Bewegung. Halbwaisen und Waisenkinder erhalten in den Schneller-Schulen ein Zuhause, in dem sie durch christlich profilierte Angebote von Bildung, Erziehung und Betreuung stark gemacht werden, in ihrer (muslimischen) Gesellschaft einen Platz einzunehmen. Ziel ist es heute, muslimische Kinder zu guten, friedensstiftenden Muslimen und christliche Kinder zu guten, friedensstiftenden christlichen Kindern heranzubilden, die die jordanische Gesellschaft positiv prägen.[8]

Die Vision der Schneller-Bewegung ist bis heute aktuell: andere – und besonders notleidende Menschen – im Angesicht des christlichen Menschenbildes zu sehen, wertschätzend zu behandeln und sie weder politisch noch religiös zu vereinnahmen oder zu bedrängen. Wer allerdings fragt, warum christliche Lehrer und Lehrerinnen oder Erzieherinnen und Erzieher in der TSS die Kinder und Jugendlichen zum Frieden bilden und erziehen, erhält von diesen eine Antwort, die auf Jesus verweist. Als Christen, die in einem islamischen Land eine christliche Einrichtung gestalten, sind die Mitarbeitenden in ihrer Missionsarbeit auch sprachfähig über den Sinn und das Ziel des eigenen, christlichen Glaubens und bringen dieses bei Bedarf in den Dialog ein. Mission zeichnet sich heute durch interreligiöse Kompetenz, multireligiöse Sprachfähigkeit und gelebte christliche Existenz aus.

Da die entscheidenden Fragen einer zukunftsfähigen Welt sich heute auch daran entscheiden, wie die Weltreligionen ihren missionarischen Anspruch in einem friedlichen Wettstreit miteinander austragen, gilt es eine Kultur der Heterogenität von Anfang an zu stärken. Jugendliche in Deutschland, die oft klischeehafte Vorstellungen von „den Muslimen", „den Arabern", „den Deutschen" usw. haben, sollen unterscheiden können zwischen Meinungen einzelner Personen und Verallgemeinerungen von Personengruppen. Es besteht die Hoffnung, dass die „Message" der Schneller-Bewegung Jugendliche provoziert und zu eigenen Standpunkten im Blick auf die Kommunikation des Evangeliums in einer multireligiösen Welt animiert.

---

[8] Obwohl die TSS in Amman nach diesem Prinzip arbeitet, stellt sie sich auch Anfragen, die das Verhältnis von Toleranz und Mission betreffen. Hier stehen arabisches und westliches Denken in einem Diskurs. Während westlich protestantisches Verstehen von Toleranz eher individuell argumentiert und die Freiheit sowie die Rechte des einzelnen in Blick nimmt (in Fortführung der Linie der Aufklärung, die das Recht des einzelnen angesichts des Verfalls der Gesellschaft zu schützen suchte), orientiert muslimisch orientalisches Denken sich eher an der Gemeinschaft und fügt das Wohl des oder der einzelnen in diesen Kontext ein. Westliches Verstehen von Mission argumentiert deshalb von der Religionsfreiheit der Einzelperson her, östlich- orientalisches eher vom Gemeinwohl aller Menschen in einem Staat (einer Umma).

Die Schneller-Vision: ein Unterrichtsprojekt

Nicht nur der Bertelsmann Religionsmonitor[9] belegt es: über 60% der Jugendlichen in Deutschland sind religiös und fühlen sich Gott verbunden, lassen sich aber ungerne kirchlich oder durch Traditionen vereinnahmen. Die Provokation, die die Begriffe „Vision" und „Mission" bei ihnen auslösen, dient als elementarer Zugang zum Unterrichtsprojekt. Das Material ist sowohl im gebundenen Unterricht als auch als Lernstraße oder bei ökumenischer bzw. interreligiöser Projektarbeit einsetzbar. Das in Bausteinen aufgebaute Material umfasst pro Baustein in der Regel eine Doppelstunde, d. h. je 90 Minuten. Der didaktische Aufbau der Bausteine ist an Alltagsherausforderungen von Jugendlichen in Deutschland und Nahost orientiert, zeigt unterschiedliche Positionen zum Umgang mit den Herausforderungen auf und sucht nach eigenen Antworten. Immer ist Lernen Begegnungslernen. Die oben genannten Aspekte werden in jedem Baustein gefordert und gefördert: A – sich zeigen und den anderen kennen und verstehen können; B – sich gegenseitig achten und einander helfen können; C – Visionen miteinander teilen und Solidarität füreinander üben können. Wer das Thema kurzweilig in den Unterricht integrieren möchte, kann sich mit Baustein 1 und 2 begnügen. Die Bausteine 3–5 bilden Vertiefungen zu den in Baustein 2 aufgezeigten Lebensbereichen im Blick auf Zeugnis geben (Baustein 3), Diakonisch wirken (Baustein 4) und Frieden in der einen Welt stiften (Baustein 5):

- **Baustein 1: Mission – ein Reizwort?** Eigene Zugänge zum Missionsbegriff - die Schneller-Bewegung als Missionsbewegung - Das „Reizvolle" an einer Mission
- **Baustein 2: Meine Welt – Deine Welt:** Lebenswelten von Jugendlichen in Deutschland und in Jordanien an der TSS -Lernstraße
- **Baustein 3 (Zeugnis):** Namen tragen eine Message - Meine Schule trägt einen Namen – die Message der Schneller-Bewegung – ein Impuls für Frieden an unseren Schulen?
- **Baustein 4 (Diakonie):** Gemeinsam sind wir stark – Jugendliche in Not brauchen Hilfe – wer wendet sich ihnen zu? Das solidarische Zusammenleben in der TSS als Modell für gemeinschaftliches Zusammenleben in der einen Welt?
- **Baustein 5 (Dialog):** Einladung zum Frieden – die TSS als Vorbild friedlichen Zusammenlebens in kultureller und religiöser Vielfalt

Methodisches Prinzip für die Begegnung mit einem Jugendlichen der TSS sind *„stories"*, d.h. Erzählungen aus seiner Lebenswelt, die Fragen aufnehmen, die ebenso Fragen der deutschen Jugendlichen sind. In diesen Stories wird auch politisches, religiöses und historisches Wissen vermittelt. Der Name des Jugendlichen der TSS und einige Aspekte seiner Biographie wurden im Zuge des Personenschutzes geändert. Dennoch basiert die „story" auf tatsächlichen Bezügen zu einem dort lebenden Jugendlichen. Da an der TSS in Amman bislang nur Jungen beschult werden[10], steht ein männlicher, jordanischer Jugendlicher im Zentrum des Unterrichtsprojektes. Er gewährt durch seine Familie und Kontakte aber auch Einblicke in die Lebenssituation von Mädchen und Frauen in Nahost. Die „stories" werden ergänzt durch dialogisch-spielerische Lernformen, die es ermöglichen, Ansichten und Standpunkte zu veranschaulichen, um sie dann erst zu deuten. Entscheidend ist das Unterrichtsgespräch, das Positionen klärt und Diskursfähigkeit einübt.

Begleitendes Medium ist ein von den Schülern und Schülerinnen zu erstellendes Port Folio, in dem der Prozess des Lernfortschrittes dokumentiert wird. Unter dem Stichwort: „Lehrenden-Infos" sind Informationen zu den einzelnen Themen zusammengestellt, die gegebenenfalls auch für die Hand von überdurchschnittlich interessierten Schülerinnen und Schüler gedacht sind. Hier finden sich auch Literaturhinweise zu ausgewählten Aspekten.

---

[9] Bertelsmann Stiftung (2008): Religionsmonitor 2008

[10] Seit Sommer 2009 gibt es an der TSS einen koedukativen Kindergarten und ab Sommer 2010 sollen auch Mädchen in Schule und Internat aufgenommen werden.

Baustein 1: Mission – ein Reizwort?
- Eigene Zugänge zum Missionsbegriff
- Die Schneller-Bewegung als Missionsbewegung
- Das „Reizvolle" an Mission

1.1 Informationen für die Hand von Lehrenden:

Der Missionsbegriff ist auch in christlichen Kreisen strittig: „Für die einen (bedeutet Mission) Hoffnung und Erneuerung, für die anderen Überheblichkeit und Imperialismus".[11] Leidvolle Erfahrungen mit Zwangsmissionierung führen dazu, dass viele Menschen dazu raten, den Missionsbegriff aus dem christlichen Repertoire zu streichen. Michael Nausner macht unter Berufung auf Derida darauf aufmerksam, dass postkoloniale evangelische Theologie oder christliche Mehrheitsgesellschaften bis heute in der Gefahr stehen, postkolonial zu agieren. Das zeigt sich z. B. in einem manchmal herrschsüchtigen Gebrauch der Sprache vom „christlichen Abendland". Deshalb sei eine Klärung des Missionsbewusstseins dringend notwendig. Auf dieser Linie bewegt sich ebenso Margot Käßmann, die Mission für einen unverzichtbaren Ausdruck evangelischer Identität inmitten einer pluralen und säkularen Gesellschaft hält. Auch Winfried Härle postuliert, Mission sei die „Verpflichtung der an Christus Glaubenden zur Bezeugung der geglaubten und erkannten Gottesoffenbarung in Jesus Christus gegenüber allen Menschen".[12] Mission hat damit den Charakter der Verkündigung, die als ein Weg zu betrachten ist, in dem Gott auf Menschen zukommt. Immer ereignet sich aber durch Mission eine Vergewisserung nach innen und eine Identifizierbarkeit nach außen. Die Bezeugung der Christusoffenbarung kann dabei vielfältig sein. Wolfgang Huber deutet das derartige evangelische Verständnis von Mission mit einem Bildwort aus dem Johannesevangelium: Wenn Gott in das Dunkel der Welt einbricht, wird es hell für alle (Joh 1,9).[13]

Mission ist also in einer pluralen Welt nicht out. Aber sie hat einen konkreten Ort: das Dunkel. Sie möchte Mühselige, Ungebildete oder Suchende erquicken und Licht am Ende des Tunnels erfahrbar machen. Solche Mission lebt von Begegnung, nicht von Belehrung. Sie ist viel eher ein Emmausweg als ein Damaskusereignis.[14]

Missionarisches Wirken gehört auch zum Wesen des Islam. Wenn Mission von Christen oder Muslimen als faires und friedliches Wetteifern zum Wohle der Menschen erkennbar ist, kann sie eine Gesellschaft humaner machen. Denn wer missioniert, fragt bewusst danach, ob eine Gesellschaft zwischen Glaube, Alltagssitten und Recht trennen kann und soll, ob es im Staat verschiedene religiöse Leitkulturen mit eigener Werteorientierung geben kann, die dem Sozial- und Rechtsstaat unter- oder übergeordnet sind, ob ein Staat der Religionsfreiheit eine höhere Bedeutung einräumen soll als der Gleichberechtigung usw.

---

[11] Möller (1990): Lehre vom Gemeindeaufbau. S. 70; Zum Missionsverständnis, vgl: Weth, Rudolf (2000): Bekenntnis zu dem einen Gott? Christen und Muslime zwischen Mission und Dialog; Sundermeier, Theo (2003): Missio dei, in Zeitschrift Entwurf 3/2003; S.3-10; Dejung, Karl-Heinz (2006): Jenseits von Überlegenheit und Entwertung: Zur Identität von Mission im Kontext religiöser Pluralität, Vortrag im Frauenzentrum der EKD, Gelnhausen; Dinkelacker, Bernhard (2009): Mission: Global – Regional – Lokal. Jahresbericht des Evangelischen Missionswerkes 2009; für den Unterricht: Landgraf, Michael(2008): Eine Welt, Reli-Bausteine, Speyer.
[12] Härle, Wilfried (³2007): Dogmatik, S. 28.

[13] vgl. Huber, Wolfgang (2009): Die Welt im Licht der Gnade- Der missionarische Auftrag unserer Kirche im 21. Jahrhundert; www.ekd.de/vortraege/huber/090608_huber_berlin.html.
[14] Huber, a.a.O.. S.6.

1.2 Mission – ein „Reiz"wort? Unterrichtsverlaufsplanung

Phase-Kompetenz-Inhalt	L- SCH Aktivität	Methoden und Medien
Einstiegsphase: 10-15 Minuten Mission – ein umstrittener Begriff Die SCH können von Erfahrungen mit Konflikten im multireligiösen Zusammenleben berichten und eine eigene Position dazu vertreten, ob Missionseifer eine entscheidende Ursache von Streit und Gewalt in einer Gesellschaft ist. Klärung des Vorverständnisses von Mission	SCH hören Beispielgeschichte (**M1**), erzählen von ähnlichen Erlebnissen und nehmen Partei für Personen aus dem Beispiel; L moderiert das Gespräch, L-Impulse: „Am Schluss steht ein Reizwort im Raum: 'Mission'. Jeder nimmt es in den Mund und meint doch etwas anderes…" SCH schreiben ihr Verständnis von Mission auf einen Karton - Zusammentragen und ordnen der SCH-Antworten an der Tafel. Versuch einer (mehrerer) Definition(en) von Mission aus den SCH-Antworten.	L-Erzählung **M 1** Alternativ: Bild mit Sprechblase M1 und Impuls: Wer kann diesen Ausspruch gesagt haben, wann, wo? SCH erzählen von eigenen Erfahrungen mit dem Begriff Mission. Unterrichtsgespräch im Klassenverband Einzelarbeit: Schreiben einer eigenen Definition von Mission. U-Gespräch im Klassenverband um eine Tafel oder Kreismitte Karten, Stifte, Magnetsteine, Tafel
Erarbeitungsphase: 15 Minuten Was ist Mission? Zugang: Die SCH können einen subjektiven Standpunkt zum Verständnis von Mission einnehmen und erklären. 30 Minuten Die SCH können das unterschiedliche Missionsverständnis der Schneller-Bewegung hinsichtlich der Intention, Motivation und der Aktionen in Nahost darlegen und Positionen zum christlichen Missionsverständnis systematisieren. SCH können einen Zusammenhang zwischen Missionsarbeit und Friedenssicherung herstellen	L-Impuls: „Einige Menschen verbinden mit Mission Gewalt und Terrorismus, andere Begeisterung für eine Sache. Lasst uns in einem Spiel schauen, wie sich das Wort Mission in unserer Klasse „anfühlt". Auswertung der Ergebnisse. L erzählt M3 oder lässt ihn von SCH selbst lesen. SCH setzen den Text in einen Dialog über das Für und Wider von Mission um. L und SCH systematisieren das christliche Verständnis von Mission anhand unterschiedlicher Positionen (vgl. die drei Modelle zum globalen Lernen.[15]) SCH ordnen ihre Position einem Modell zu. (**M4**) L-Impuls: Welches Modell ist geeignet, für Frieden in Nahost und bei uns zu sorgen? SCH bewerten die Modelle in Einzelarbeit auf dem Zahlenstrahl (**M4**)	Stimmungsbarometer: Standortspiel zur Positionsbestimmung mit Hilfe von Farbkarten oder 4 Ecken (**M2**) Textarbeit (**M3**) in Partnerarbeit Unterrichtsgespräch im Klassenverband Einzelarbeit: M4: Bewertung von Missionsbewegungen U-Gespräch im Klassenverband Dokumentation der Ergebnisse im Portfolio
Ergebnissicherung 15 Min Mission als Kommunikation: Mission - Ge- bzw. Missbrauch des Wortes in den Medien. Die SCH können einen manipulierenden Gebrauch des Wortes Mission in Medien analysieren und deuten 10 Minuten Dokumentation der Ergebnisse	L hängt Zeitungsartikel, in denen das Wort „Mission" vorkommt, im Raum auf. SCH schreiben auf ein Plakat, welches Verständnis von Mission der Autor gebraucht und tauschen Ergebnisse aus. SCH verfassen einen Brief an die Verleger der Zeitungsartikel und weisen diese auf den problematischen Gebrauch des Missionsbegriffes hin	Zeitungsartikel (oder Textblatt für Gruppen) zum Thema Mission **M5** Gruppenarbeit: Analyse der Zeitungsartikel Klassenverband: Austausch Einzelarbeit: Brief schreiben Portfolio: Dokumentation der Arbeitsergebnisse

---

[15] Vgl. Baur, Katja (2007): Interreligiöse Kompetenzen bilden, in dies.: Zu Gast bei Abraham (2007), S.11-40.

1.3. Materialien zum Baustein 1

M 1: Ein Vorfall in der S-Bahn und seine Folgen....

Zwei Gruppen von Jugendlichen sitzen sich mittags auf dem Heimweg von der Schule in der S-Bahn gegenüber: muslimische Jugendliche türkischer Abstammung und deutsche Jugendliche. Eine deutsche Jugendliche bietet allen Süßigkeiten an. Einige muslimischen Jugendlichen lehnen mit Hinweis auf den Ramadan dankend ab. Es kommt zwischen den Jugendlichen zu einem lockeren Gespräch über den Sinn oder Unsinn des Fastens und des Befolgens religiöser Tradition. „He, hast Du echt was mit Religion am Hut?" fragt eine Deutsche die Mitschüler. „Na ja, so extrem religiös bin ich nicht", antwortet einer der muslimischen Jugendlichen.

„Aber das Fasten im Ramadan gehört einfach dazu wie der Tannenbaum zu Eurem Weihnachten – nur dass es viel schwerer ist, den ganzen Tag nichts zu essen als sich einen Baum ins Zimmer zu stellen." Einige der deutschen Jugendlichen fragen noch etwas nach, wie man das aushalte mit dem Fasten, ob ihre Mitschüler auch nichts trinken dürfen usw. Die muslimischen Jugendlichen antworten und fragen salopp zurück: „Woran kann man bei Christen sehen, ob sie an Gott glauben? Fasten Christen auch?" Bei ihren Antworten kommen die deutschen Jugendlichen ganz gehörig ins Stottern. Das ärgert eine ältere deutsche Frau, die dem Gespräch lauscht. Ihr platzt nach kurzer Zeit der Kragen. Sie mischt sich in das ungezwungene Gespräch der Jugendlichen ein und schreit die muslimischen Jugendlichen an: „Jetzt hört aber endlich auf zu missionieren. Hier in Deutschland wird ja bald alles islamisch: Kopftuch, Fasten, Beten auf der Straße - wo kommen wir denn da hin? Bei uns baut Ihr Eure Moscheen und sogar Selbstmordattentäter werden hier ausgebildet! Geht endlich nach Hause mit Eurem Islam. Wir lassen uns nicht missionieren." Zuerst waren die Jugendlichen irritiert, dann lächelten sie über die Worte der „alten Oma", bis einigen von ihnen sichtbar der Ärger zu Halse stieg. Ein muslimischer Jugendlicher sagte recht ungehalten zu der Frau: „Halten Sie sich raus, das geht Sie gar nichts an". Ein anderer Passant, der die Szene ebenfalls verfolgte, gibt dem Jugendlichen recht und sagt zur älteren Frau: „Warum regen Sie sich denn so auf! Mission ist doch nichts Schlechtes. Wenn jemand seinen Glauben lebt, egal ob Christ, Muslim oder sonst was und damit Frieden macht, ist das doch was Tolles!" Es war ein Wort, das die Gemüter in der Bahn weiter erhitzte: „Mission"- ein Reizwort?

Hier in Deutschland wird ja bald alles islamisch: Kopftuch, Fasten, Beten auf der Straße - wo kommen wir denn da hin? Bei uns baut Ihr Eure Moscheen und sogar Selbstmordattentäter werden hier ausgebildet! Geht endlich nach Hause mit Eurem Islam. Wir lassen uns nicht missionieren.

M2: Standortspiel zur Positionsbestimmung

Das Standortspiel fragt die Stellung von Jugendlichen zum Missionsbegriff ab. Die Themen, zu denen von SCH-Seite her Stellung bezogen werden soll, sind später die Themen, anhand derer der Missionsbegriff aus christlicher Sicht vom L vorgestellt und bearbeitet wird.

Standortspiele fördern die Bewegung (auch positionelle Beweglichkeit), indem vier Ecken eines Raumes unterschiedliche Sichtweisen auf eine Fragestellung zugeordnet werden. Die SCH müssen sich mit ihrer Antwort in die für sie passende Ecke bewegen. Der Vorteil dieser Methode liegt darin, dass das Ergebnis der Befragung nach jeder Frage gut sichtbar ausgewertet wird (wie viel SCH sind hier - wie viele dort) und die SCH, die in einzelnen Ecken stehen ihre Position miteinander stark machen und vor den anderen vertreten können.

Erfahrungen mit dieser Methode in Sek. 1 und 2 zeigen jedoch, dass etliche SCH sich nicht in die Ecke ihrer eigenen Überzeugung bewegen. Sie gehen dorthin, wo nächste oder beliebte Mit-SCH stehen. Aus diesem Grunde kann man das Spiel auch am Platz spielen, indem jeder SCH Blätter unterschiedlicher Farben oder mit Zahlen in die Hand bekommt. Die unterschiedlichen Antworten auf eine Frage werden dann den vier Farben bzw. Zahlen zugeordnet. Auf ein Signal hin müssen alle SCH gleichzeitig ihre Meinung durch das Hochhalten einer Farbkarte bzw. Zahl kundtun. Die Wahrnehmung der Farb- / Zahlenverteilung sowie die Diskussion über Positionen erfolgt wie beim Eckenspiel.

Fragen zur Positionierung:

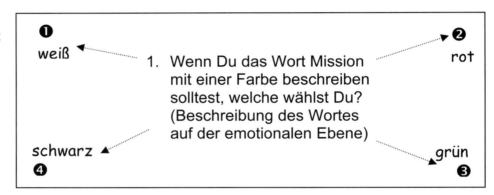

2. Menschen, die andere Menschen missionieren sind:
   1: hilfsbereit 2: fanatisch 3: gewaltbereit 4: einfühlsam

3. Menschen, die missioniert werden, sehen sich dabei als:
   1: Opfer 2: Geheilte 3: Sache 4: Beschenkte

4. Wenn Du überzeugt wärest, dass der christliche Glaube die beste Religion für das friedliche Zusammenleben aller Menschen wäre, was würdest Du tun?
   1: Allen Menschen helfen und sie zum christlichen Glauben einladen.
   2: Ich würde nichts tun.
   3: Alle Menschen zur Annahme des Christentums überreden – und ggf. zwingen.
   4: Ich würde Gott bitten, das zu seiner Sache zu machen und beten, dass alle Menschen Christen werden.

5. Mich mit dem Wort „Mission" zu beschäftigen finde ich:
   1: spannend 2: langweilig 3: wichtig 4: sinnlos

6. Sucht weitere Fragen zum Thema, die Ihr spielerisch an Eure Mit-SCH weitergebt!

M 3: Mission – ein Reizwort? Georg versucht, Ilias zu verstehen und stößt dabei auf die Schnellers

Arbeitsaufgabe:

1. Wie würde Ilias die Fragen zum Missionsverständnis (**M2**) beantworten? Kreuzt die jeweils passende Antwort an und koloriert dann den Bericht von Ilias mit Farben, die etwas vom Missionsverständnis der Schneller-Bewegung ausdrücken.

2. Spielt in Partnerarbeit einen Dialog zwischen Georg und Ilias über die Frage: Kein Frieden auf der Welt ohne eine Vision und die dazu passende Mission?

3. Ilias erklärt die Bedeutung von Mission mit den Farben der jordanischen Nationalflagge. Jordanien besitzt die größte Flagge der Welt. Diese ist von der Schneller-Schule aus zu sehen. Malt bitte die jordanische Flagge in Euer Heft und schreibt auf die Farben passende Adjektive, die das Wort „Mission" beschreiben. Probiert das Gleiche bitte auch mit der deutschen Nationalflagge: was bedeuten die Farben ursprünglich und was könnten sie heute über Mission in Deutschland aussagen?

Ilias, ein Jugendlicher aus Jordanien, ist mit Georg, dessen Vater für die GTZ (Gesellschaft für technische Zusammenarbeit) in Amman arbeitet, befreundet. Von Georg, dem deutschen Freund, hört er, dass „Mission" in Deutschland ein Reizwort ist. Viele Menschen in Deutschland verbinden damit düstere Zeiten. Die gab es auch wirklich: als die Kreuzfahrer nach Palästina reisten und dort mit Gewalt das Christentum wieder herstellen wollten oder als die Türken vor Wien lagerten, um Europa islamisch zu machen. Die Angst, dass Deutschland muslimisch wird, ist heute wieder da. Mission – das klingt in Deutschland nach Übergriff, Bevormundung und Unterdrückung. Menschen, die missionieren, werden in deutschen Medien oft als fanatische Eiferer bezeichnet. Deshalb, so Georg, hat der Begriff „Mission" ein „Geschmäckle", d.h. einen negativen Beigeschmack. Jugendliche würden ihn kaum in den Mund nehmen.

Ilias kann das nicht verstehen. In Jordanien, wo er lebt, ist Mission ein Ehrenwort: durch die Schneller-Mission gibt es im Orient viele gebildete Menschen, die sich für Frieden einsetzen. Er würde als Jugendlicher das Wort „Mission" voller Stolz in den Mund nehmen. Denn viele Menschen in Jordanien bekommen leuchtende Augen, wenn sie das Wort „Schneller" hören.

Sie könnten im arabischen Erzählstil farbenfroh beschreiben, dass Mission etwas hat von der Farbe „rot", der Farbe der Liebe, und von „grün", vom Aufkeimen der Hoffnung. Beide Farben kommen in der jordanischen Flagge vor. Jordanier wissen, dass Mission keine christliche Erfindung ist. Überall, wo Menschen eine Botschaft vertreten, die sie anderen Menschen über die eigene Kultur oder Religion hinaus zugänglich machen wollen, geschieht Mission. In Jordanien missionieren auch Muslime, denn sie wollen allen Menschen Frieden (d.h. Islam) bringen. Viele Jugendliche in Jordanien beneiden Ilias, dass er ein „Schneller-Schüler" ist.

Ilias versucht das seinem Freund zu erklären:

Johann Ludwig Schneller kam 1854 mit seiner Frau aus Deutschland nach Palästina. Er sah dort Menschen ohne Arbeit und in Armut leben, auch Jugendliche, die auf den Straßen herumlungerten. Sie konnten weder lesen noch schreiben. Das wollte Schneller ändern: wer keine Bildung hat, gehört zu den Verlierern der Gesellschaft, dachte er. So brachte Schneller vielen Menschen mit der Bibel das Lesen und Schreiben bei – und natürlich auch den Inhalt des christlichen Glaubens.

Frieden entsteht, wo alle Menschen ihr Leben selbst in die Hand nehmen können und sich dabei von Gott führen lassen – so Schnellers Vision. Mission war deshalb für Schneller der Weg, um Kindern aus armen Verhältnissen Bildung und ein Zuhause bei Jesus Christus zu geben. Deshalb gründete er 1860 das Syrische Waisenhaus. Er machte keinen Hehl daraus, dass er das Christentum für die beste Religion hielt, weil sie jedem Menschen Würde gibt. Deshalb wollte er Kinder und Jugendliche zu gläubigen Christen machen, die im Land, in dem Jesus einst lebte, Frieden stiften. Wie viele Missionare seiner Zeit fühlte J. L. Schneller sich dazu von der Bibel aufgefordert. Dort gibt es u. a. drei Bibelstellen, die ihm für seine Mission wichtig wurden: Joh 14,6; Apg 4,12 und Mt 28,19-20.[16] Für Schneller ist Mission eine gute Tat, die Wunden heilt. Missionare sind Menschen, die bereit sind, ihr eigenes Leben mit Benachteiligten zu teilen und diese froh oder gesund zu machen. Das kann sie auch das eigene Leben kosten. „Wenn man für seine Visionen sterben würde, muss da doch was dran sein", sagt Ilias zu seinem Freund Georg und fährt fort:

Vieles lief nicht so, wie Schneller es sich gewünscht hatte. Nur wenige Menschen, die im Waisenhaus mit ihm zusammen lebten, wurden zu evangelischen Christen. Viele blieben orthodoxe Christen oder Muslime, machten sich aber Schnellers Ideale zueigen.

Schnellers Enkel haben, nachdem die Arbeit in Jerusalem nach dem 2. Weltkrieg nicht fortgeführt werden konnte, Schneller-Schulen im Libanon und in Jordanien gegründet, die bis heute bestehen.

Sie haben einen guten Ruf im Nahen Osten. Bis heute finden dort Kinder und Jugendliche aus armen oder verwaisten Verhältnissen ein Zuhause.

Das Missionsverständnis hat sich verändert: Wer heute in den Schneller-Schulen arbeitet, möchte aus Kindern Friedensboten machen. Muslimische Jugendliche sollen Respekt gegenüber christlichen Jugendlichen lernen und umgekehrt. Dazu erfahren die Jugendlichen in den Schneller-Schulen, was andere Menschen glauben, was sie denken und was ihnen wichtig ist. Alle leben in religiöser Unterschiedlichkeit zusammen und lernen einander zu achten. Mission – das ist für Jugendliche an den Schneller-Schulen kein Reizwort, sondern ein reizvolles Wort: eine Einladung, am Frieden mitzuwirken. Einem Frieden, den Gott schenkt, den er aber auch von allen Menschen fordert. Musa Al Munaizel, der pädagogische Berater der Schneller-Schule in Amman sagt das heute so: „Mission ist für mich als Christ eine Aufgabe, jedem Kind (Menschen) ein Zuhause zu geben und ihm damit zu zeigen, dass wir alle ein Zuhause bei Allah (das ist auch der arabische Name für den christlichen Gott) haben."

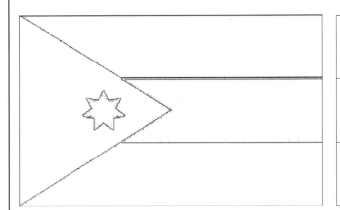

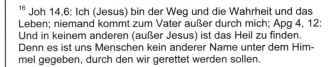

---

[16] Joh 14,6: Ich (Jesus) bin der Weg und die Wahrheit und das Leben; niemand kommt zum Vater außer durch mich; Apg 4, 12: Und in keinem anderen (außer Jesus) ist das Heil zu finden. Denn es ist uns Menschen kein anderer Name unter dem Himmel gegeben, durch den wir gerettet werden sollen.

M: 28,19-20: Darum gehet zu allen Völkern, und machet alle Menschen zu meinen Jüngern, tauft sie auf den Namen des Vaters und des Sohnes und des Heiligen Geistes, und lehrt sie, alles zu befolgen, was ich euch geboten habe.

M4: Mission auf dem Prüfstand – ein Bewertungsbarometer

Aufgabe: Ob Mission dem Frieden dient oder Gewalt fördert, ist abhängig davon, was man unter „Mission" versteht. Bewertet die drei Vorstellungen von Mission, indem ihr ihnen einen Platz auf dem Zahlenstrahl gebt (Modell 1, 2 oder 3 eintragen) und diesen markiert:

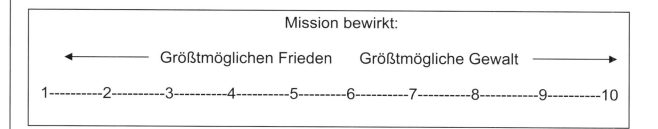

1. Mission ist Bekehrung (Multi- bzw. Exklusivmodell). Christen oder Muslime wollen ihre Religion überall auf der Welt ausbreiten, um die Welt zu verchristlichen (zu islamisieren) und damit verlorene Menschen (Seelen) zu retten. Leitgedanke ist für Christen Joh 14, für Muslime Sure 3:110: *„Ihr seid die beste Gemeinde (Umma), die unter den Menschen hervorgebracht wurde; ihr gebietet das Rechte, verbietet das Verwerfliche und glaubt an Gott."*

2. Mission ist eine gegenseitige Einladung, Glauben und Leben miteinander zu teilen (Inter-Modell). Im eigenen Leben muss anderen Menschen ein Platz eingeräumt werden. In der Begegnung mit Anderen zeige ich, wer ich bin und versuche den Anderen so gut wie möglich in seinem Denken zu verstehen – man wird Gastgeber und Gast zugleich.

3. Mission ist Hilfe zur Selbsthilfe (Trans-Modell). Ziel ist nicht die Ausbreitung des Glaubens, sondern die Erfahrung gelebten Glaubens, die Frieden, Gerechtigkeit und Bewahrung der Schöpfung bewirkt. Dadurch werden Menschen verbunden, nicht aber gespalten (vgl. Sure 4:12: *„Haltet die Religion ein und bringt keine Spaltung hinein"*)

M 5: Mission – ein medienwirksames Wort? Ein Blick in die Tagespresse

Aufgabe: Lest Euch bitte die Zeitungsartikel (vollständig von der Bilddatei herunterladbar) durch und beantwortet auf beigefügtem Blatt dazu folgende Fragen:
Der Begriff „Mission" steht in diesem Zeitungsartikel:
- im Zusammenhang mit welcher Situation oder welchem Problem?
- im Zusammenhang mit welchen Absichten des Autors?
- im Zusammenhang mit welchem Handeln, das gefordert wird?
- Wie werden die, die Mission betreiben, beschrieben – wie die, die missioniert werden?
- Welches Modell von Mission möchte der Autor vermitteln?
- Eure Einschätzung zur Verwendung von „Mission" im Zeitungsartikel….

M5: Zeitungsartikel zum Wort „Mission"

Mission geglückt

STUTTGARTER ZEITUNG | Donnerstag, 10. September 2009 | Nr. 209

Kinderaktion Junge StZ-Leser nähern sich der Luftfahrt und basteln ihre eigene Rakete.

Hellmann aus Stuttgart, bei der Führung durch das Raumfahrtsystem nebenbei persönliches Rätsel lösen. „Ich nämlich, dass mein Funkgerät funktioniert hat." Ihr hat es gefallen, dass alles so allgemein erklärt wurde.

"Leser der beiden Gruppen tauschten sich im Bistro über ihre vielfältigen Eindrücke aus. So berichtete Heinz Gellück, dass er bei der Führung ganze Reihe von Fragen stellen konnte, die ihn bisher beschäftigt haben, „toll, dass wir auch mal mit ihren durften."

Imagekampagne für Mission

3/2009 beraten & beschlossen 7

Synodale aller Gesprächskreise befürworten eine auf drei Jahre angelegte EKD-weite Aktion.

Die Initiative „mission.de – der Welt zuliebe" wollte Vorbehalte und möglich Zweifel hat von Mission thematisieren, gangigen Vorurteile erklären und Missionar würdere zu einem wichtigen Thema machen, erläuterte Vaihl in Bäuml, stellvertretender Vorsitzender des Ökumene-Ausschusses. Diese auf drei Jahre angelegte EKD-weite Aktion wurde im Oktober 2008 gestartet. Synodale aller Gesprächskreise befürworteten eine Initiative ...

Michael Seibt (Stuttgart) war der Meinung, das der Begriff „Mission" ohne solche Imagekampagne nötig habe, weil es zu weit belastet sei. Der Missionsbegriff der Initiative könne Gesprächskreis „Offene Kirche" ...

(Schwerbehinderten) nicht ausreichend: „Was fehlt, ist nichts anderes als das Wort Jesu Christi, dass er der Weg, die Wahrheit und das Leben ist. Das sollen junge Menschen und auch alle a Menschen in die Welt hinaustragen, nicht drängend, sondern einladend "für Jesus Christus und stärkend an den Glauben an ihn."

Winfried Dalferth (Crailsheim) bemängelte, dass im Thesenpapier die Themen Mission und interkulturelle Theologie zu wenig vorkämen. „Hier müssen wir unsere Hauptaufgaben machen und die Fakultäten in die Pflicht nehmen, dass künftige Pfarrerinnen und Pfarrer zu diesem Thema breiter ausgebildet werden." Hans di Kretschmann plädierte für „in Augen Neck in sultanischen Theme Mission und Ökumene, und ..."

Blonder Hetzer mit Anti-Islam-Mission

Geert Wilders

Geert Wilders will mit seinem Anti-Korandliche die Islamisierung der Niederlande aufhalten und schreckt dabei vor radikalen Thesen nicht zurück. Ein Leben mit Bodyguards nimmt er dafür in Kauf.

Von FOCUS-Online-Autorin Helena Kyvelä

Sein Monaten versetzt der rechtspopulistische Parlamentarier die Niederlande. Die Ankündigung seines islamkritischen Films und Gir nächstjährigen Spekulationen über seinen Inhalte verbreiten das Land in zwei Auflagung. Wilders, für seine provozierende Art bekannt, könnte den Koran zerreißen oder sogar verbrennen, wurde vermutet. Die Regierung befürchtete ...

STUTTGARTER ZEITUNG | www.stuttgarter-zeitung.de

DIENSTAG 32 12. Januar 2010

Mission bewegt | verbindet | öffnet

Merkel startet ihre Klima-Mission

Gesprächsthema Bewegung in die Fronten sind der Fortschritt in Kopenhagen stockt, Bewegung in die erlahmt: Kanzlerin Merkel versucht. Noch immer glaubt sie an einen Erfolg.

DAS IST MEINE MISSION

Ghazi Musharbash, seit Frühjahr 2009 Direktor der TSS, war selbst Schüler von Schnee er. Sein Vater war früh gestorben und so kam er an die Schule. In einem Aufsatz beschrieb er seinen Zukunftstraum zu studieren. Zufällig sieht's eine Frau aus Kanada auf diesen Aufsatz und ermöglichte ihm das Studium. Nach dem Chemiestudium war er als Unternehmer erfolgreich und engagierte sich in Gesellschaft und Kirche. So war es für ihn und seine Familie selbstverständlich, die Leitung der TSS zu übernehmen, als er gebeten wurde: ich habe Schneller in Blut. Diese Aufgabe ist für mich kein Posten, das ist meine Mission."

Attentat auf Flughafen

Sprengstoffschnüffler in schwieriger Mission

Sicherheitschecks an Flughäfen ... Der Sprengstoff ist am Fluggast gelang: Der Attentäter erklärte Reiseabsichten am Körper

Berut D ...

PAWINAM BATEMA

Vita Pawinam Batema (34) besuchte als Jugendlicher das Internat Salem am Bodensee und spricht sehr gut Deutsch. Er schließend machte er eine Ausbildung in Karlsruhe und lebt seit ...Jahren in ..."

Interview Das togoische Delegationsmitglied Pawinam Batema über die Abreise vom Afrikacup und die Sicherheit bei der WM.

Pawinam Batema hat Glück gehabt. Nur der Umstand, dass er das Flugzeug verpasste, hat verhindert, dass der sportliche Berater des togolischen Fußballverbandes in dem Bus gesessen ist, der am Freitag von angolanischen Rebellen an der Grenze überfallen wurde. Drei weitere Landsleute mussten sterben. Im Interview schildert Batema die genaueren Umstände.

Warum, dass ist Ihr Verbund – auch ungeschickte der Verkenntnisse – dann nicht in Cabinda geflogen, sondern mit dem ... über die Grenze gefahren?
Wer kann denn wissen, dass wir statt einem Fußballfest plötzlich im Krieg landen. Der Bus war ja in offizieller Mission unterwegs, mit einer Militäreskorte unterwegs.

Lebendig aus Vielfalt

Im Gespräch mit der neuen EKD-Reformbotschafterin Margot Käßmann

Es gibt viele und unterschiedliche Möglichkeiten die evangelische Kirche umzugestalten und attraktiv machen, meint die neue, in Ulm gewählte Ratsvorsitzende der EKD, Landesbischöfin Margot Käßmann. Über alle einstieg in ihre Aufgaben der EKD sprach Benjamin Lassiwe mit ihr.

Dossier Terrorismus

Krieg gegen den Terrorismus - Mission erfüllt?

Fast sieben Jahre dauert der Krieg in Afghanistan, über fünf Jahre lang kämpfen die USA und ihre Verbündeten im Irak. Ein weiterer Krieg gegen den Terrorismus sollte es sein, gegen Massenvernichtungswaffen und für Demokratie und Menschenrechte. Fest steht: Kugelhagel wurde dieser Feldzug auf einem riesigen Lügengebäude. Von einer Zivilgesellschaft, in der Menschenrechte durchgesetzt werden können, sind beide Staaten weit entfernt. Tausende Zivilisten sind im letzten Jahr Opfer von Krieg und Gewalt geworden - und die Bundeswehr steckt in einem Krieg, der kein Ende zu kennen scheint.

Hiddinks der frühere Nationalmannschaftskapitän Oguz Çetin, und ein Niederländer zur Seite, der noch benannt werden muss. Der ehemalige Torhüter Engin...

Guus Hiddink verlässt das russische Nationalteam und übernimmt die Türkei.

Guus Hiddinks nächste Mission

STUTTGARTER ZEITUNG | Donnerstag, 18. Februar 2010 | Nr. 40

Türkei Der niederländische Trainer soll die Nationalmannschaft zur Europameisterschaft führen.

Sukurea, Australien, Russland – und jetzt die Türkei. Der niederländische Guus Hiddink wird endgültig zur Fußball-Weltenbummler. Der 63-Jährige soll die türkische Nationalmannschaft nach der verpassten WM-Qualifikation zu Europameisterschaft in dem Kraus führen. Und ja, beitrifft er auch auf Deutschland.

Sein Vertrag in Russland endet am 30. Juni, sein Kontrakt in der Türkei beginnt am 1. August. Als Assistenztrainer stehen ...

Baustein 2: Meine Welt – Deine Welt: Lebenswelten von Jugendlichen in Deutschland und in der TSS in Jordanien - *Eine Lernstraße*

2.1. Informationen für die Hand der Lehrenden:

www.sympathiemagazin.de, als Heft zu bestellen: Studienkreis für Tourismus und Entwicklung e.V., Vielhaber, Armin: Sympathie Magazin – Jordanien verstehen; Kapellenweg 3; 82541 Ammerland/ Starnberger See; Tel.: 081771783

2.2. Unterrichtsbaustein: Lernstraße zur Lebenswirklichkeit von Jugendlichen

Phase – Kompetenz – Inhalt	L-SCH-Aktivität	Methoden und Medien
Einführung: 15 Minuten Einstieg ins Thema über lebensweltlichen Zugang SCH können eigene Vorurteile gegenüber Arabern wahrnehmen und Ursachen benennen Schubladendenken: Wer bin ich? – Wer bist Du?	L erzählt Beispielgeschichte **M6** spontane SCH-Äußerungen, Mind Map zum Begriff „Araber". SCH suchen Gründe für eigene Vorurteile gegenüber Arabern SCH prüfen eigene (Vor-) Urteile Deutschen und Arabern gegenüber anhand von Leitfragen, die nach dem Spiel **M7** besprochen werden	L- Erzählung (**M6**) im Klassenverband U-Gespräch im Klassenverband Mind Map an der Tafel Spiel: Schubladendenken M7 U-Gespräch im Klassenverband
Erarbeitung: 40 Minuten Auseinandersetzung mit dem Leben eines jugendlichen Schneller-Schülers SCH können an ausgewählten Beispielen einen Vergleich zwischen dem Leben von Ilias und sich vornehmen, Gemeinsames und Differentes benennen und die besondere Prägung, die Ilias durch die TSS erfährt für sein Leben als Jugendlicher erkennen Lernstraße: Wer bin ich? – Ilias zeigt, wer er ist	Die SCH erzählen sich gegenseitig von ihren Erfahrungen zu den Themen der Lernstraße und halten für die Gruppe wichtige Ergebnisse fest. L berät Gruppen im Arbeitsprozess, verweist auf weiterführendes Material und klärt bei Rückfragen Die SCH bearbeiten 1-2 Stationen der Lernstraße in Gruppen und präsentieren ihr Ergebnis vor der Klasse	Lernstraße M8 in arbeitsteiliger Gruppenarbeit Material Lernstraße: Internet sowie Infos zu im Text rot markierten Begriffen aus Sympathiemagazin; Zusatzmaterialien (Prospekte aus dem Reisebüro über Jordanien, Sympathiemagazin Jordanien vgl. **M8**) Plakate zum Festhalten der Ergebnisse Kamera zum Fotografieren der Ergebnisse für das Port folio
Präsentation der Ergebnisse 20-25 Minuten SCH können ihre Sichtweise auf das Leben von Ilias der Klasse vorstellen und dabei Schubladendenken über „die Araber" korrigieren	SCH präsentieren ihre Ergebnisse vor der Klasse, antworten auf Rückfragen L lädt jede Gruppe und die Klasse am Schluss einer Präsentation ein, die Ergebnisse mit den Aussagen des Schubladendenkens der 2. Phase zu vergleichen und gegebenenfalls zu korrigieren	Gruppenpräsentation im Klassenverband Plakate Evtl. OH Projektor
Dokumentation der Ergebnisse 10 Minuten	Schüler/innen fotografieren die Plakate ab und kleben Fotos ins Port Folio ein. Alle SCH kleben die Mails an Ilias in ihr Port Folio ein, schreiben die Mails in Ihren Sprachstil um und ergänzen Texte und Bilder im Port Folio.	Digitalkamera Port Folio

2.3 Unterrichtsmaterialien

M 6: Leonie bringt ihren neuen Freund das erste Mal mit nach Hause

Leonie ist total verliebt. Gerade ist sie 17 Jahre alt geworden und hat in der Disco bei ihrer Geburtstagsparty einen coolen Typ kennengelernt, mit dem sie den ganzen Abend tanzte. Am Schluss tauschten sie ihre Adressen aus und prompt rief er sie am nächsten Morgen an. Beide verabredeten sich für den Abend ins Kino. Vom Film weiß Leonie nichts mehr, aber dass sie danach einander küssten und es ihr durch Mark und Bein ging. Nun sind beide schon zwei Monate zusammen. Leonie schwärmt von ihrem Freund, von seinen dunklen Augen, den schwarzen Haaren, seinem Witz und seinem lustigen Akzent. Mittlerweile weiß sie, dass die Familie ihres Freundes aus Palästina stammt. Hassans Oma lebt noch in Jordanien, aber seine Eltern und Geschwister wohnen schon viele Jahre in Deutschland. Letzte Woche war Leonie das erste Mal bei Hassans Familie. Obwohl sie ein wenig aufgeregt war, fühlte sie sich von Anfang an pudelwohl. Hassans Mutter hat sie herzlich begrüßt, der Vater ihr einen Ehrenplatz am Tisch angeboten und die ganze Familie sich bei einem total leckeren Essen für sie interessiert. Nun steht am heutigen Tag der erste Besuch von Hassan in ihrer Familie an. Leonie ist aufgeregt. Kaum hat sie mit Hassan das elterliche Wohnzimmer betreten, sieht sie, wie ihre Eltern entsetzt schauen: „Aber Leonie", stammelt die Mutter voller sichtbarem Entsetzen, „Du hast uns ja gar nicht erzählt, dass Du… dass Du… ja wie soll ich sagen… mit einem Ausländer befreundet bist"… Schweigen im Raum. „Ich bin Deutscher" sagt Hassan, „aber meine Familie kommt aus Palästina. Wir sind Araber und darauf bin ich stolz". Ihr Vater schaut ratlos. Leonie sieht, wie die Gedanken der Eltern kreisen. Zum Glück bittet ihre Schwester alle erst einmal zu Tisch. Nach dem eher schweigsamen Essen sagt die Mutter zu Leonie: „Leonie, der Hassan ist nett, aber muss es denn ein Araber sein? Wenn die Nachbarn wüssten, dass in unserem Haus ein Araber zu Gast ist …"

- ***Die Gedanken von Leonies Eltern kreisen. Ihnen fallen ganz viele Gedanken zu arabischen Männern bzw. arabischen Liebhabern ein – schreibt diese bitte in die Spirale hinein. Prüft danach bitte, ob Ihr die Gedanken der Eltern teilt***

M 7: Schubladendenken — ein Spiel über vorurteilsgeprägte Wahrnehmung

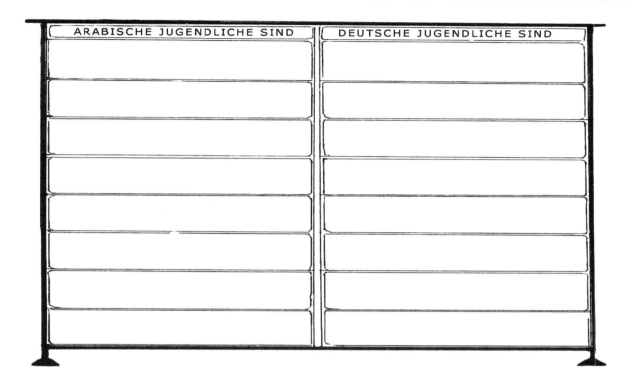

Aufgabe:
Manchmal ordnen wir Menschen, die wir nicht kennen, in Schubladen ein. Ordne die folgenden Sätze den beiden Schubladenseiten zu, indem Du sie einklebst. Bringe auf jeder Seite die Aussagen in eine Reihenfolge, indem Du die Sätze, die Du für richtiger hältst, nach oben klebst und die, die Du für eher falsch hältst, nach unten klebst.

Frauen gegenüber total aufdringlich – Frauen gegenüber eher zurückhaltend
Nachdenklich und schüchtern – immer gut drauf und lustig
dunkelhaarig mit dunklen, leuchtenden Augen – blass, blond, blauäugig
ehrlich – falsch
konservativ – modern
oft mit ihrer Clique zusammen – oft mit ihrer Familie zusammen
naturverbunden – an Medien gebunden
Alkoholbegeistert – Antialkoholiker
strebsam und gebildet – faul und dumm
säkular – religiös
sozial engagiert und politisch interessiert – gesellschaftlich frustriert und politikmüde

Auswertung des Schubladenspiels in Partnerarbeit:
1. Wie ging es dir damit, andere Menschen in Schubladen einzuordnen?
2. Wie ging es dir damit, selbst in eine Schublade eingeordnet zu werden?
3. Hältst Du die Schubladen für wahr und angemessen?
4. Welche kulturellen, politischen oder religiösen Vorstellungen verbergen sich hinter Deinen Ansichten über arabische und deutsche Jugendliche? Kannst Du sagen, von wem oder woher Du diese Vorstellungen übernommen hast?

M 8: Ilias lebt in Jordanien – eine Lernstraße:

Die Lernstraße kann über mehrere Unterrichtsstunden durchgeführt werden, sodass viele Stationen bearbeitet werden können. Bei der Behandlung in einer Doppelstunde ist arbeitsteilige Gruppenarbeit zu empfehlen.
Die Stationen haben unterschiedliche Schwierigkeitsgrade (z. B. durch unterschiedliche Textlängen oder komplexe Zusammenhänge). Im Zuge der inneren Differenzierung eignen sich für leistungsstarke SCH besonders Station 2 und 5, für leistungsschwache SCH besonders Station 1 und 4.

Aufgabe: bearbeitet mit eurer Gruppe jeweils 1 (evtl. 2) Stationen.

1. Jeder und jede von euch sucht sich einen Platz in der Nähe eures Plakates. Schreibt zunächst (jede und jeder an seiner oder ihrer Stelle) auf das Plakat Stichworte, die dir zum Thema (Bezeichnung der Station) einfallen. Tauscht euch dann in der Gruppe über eure Stichworte aus und einigt euch auf 4 Begriffe, die etwas Typisches zum Thema über Jugendliche in Deutschland aussagen und mit denen Ihr einem arabischen Jugendlichen von eurem Leben erzählen würdet. Umkreist diese Begriffe bitte deutlich.

2. Lest nun den Text zu Ilias Leben durch. Unterstreicht mit rot alle Gemeinsamkeiten von Ilias und eurem Leben, mit Grün alle Unterschiede und mit blau alles, was Ihr an Ilias Leben interessant oder merkwürdig findet. Tauscht euch darüber aus und fasst 2 rote, 2 blaue und 2 grüne Sätze zu jeweils einem Satz oder Stichwort zusammen und schreibt sie auf das Plakat zu Ilias Leben. Ihr könnt die Sätze später mit Bildern und Infos vor allem zu den rot markierten Begriffen im Text ergänzen.

3. Formuliert eine Mail an Ilias, in der Ihr das, was euch an seinem Bericht fasziniert, aber auch das, was euch befremdet, so aufschreibt, dass er eure Mail interessant finden wird und Lust verspürt, euch zu antworten.

4. Stellt eure Ergebnisse auf einem Plakat zusammen, indem Ihr Stichworte und Bilder zu Gemeinsamkeiten und Unterschieden nebeneinander klebt und eure Mail deutlich lesbar dazu klebt. Präsentiert mit Hilfe des Plakates Euer Ergebnis vor der Klasse. Klebt das Plakat so, dass Ihr damit nachher der Klasse Euer Ergebnis in drei Minuten vorstellen könnt. Die Mail an Ilias ist am wichtigsten. Ergänzt die Informationen von Ilias mit Infos und Bildern, die Ihr bei Wikipedia oder im Sympathie Magazin Jordanien
(www.sympathiemagazin.de/sm/sm_jordanien.html) zu eurem Thema findet.

5. Zusatzaufgabe für Gruppen, die fertig sind: Wenn Ihr mit Ilias in einem Projekt zusammenarbeiten würdet, das dem Frieden dienen soll, welches Projekt könnte das ein?

Wird der folgende Text nicht durch SCH erarbeitet, eignet er sich auch als L-Präsentation oder Lesetext im RU. Die Fotos befinden sich auf der CD.

Station 1: Meine Familie prägt mein Leben

Ilias erzählt von seiner Familie

Mein Name ist Ilias. Ich bin 17 Jahre alt und lebe mit meinen Eltern und Geschwistern in Amman, der Hauptstadt Jordaniens. Ich habe dunkle Augen, schwarze Haare. Man sagt, ich sei ein sportlicher Typ. Mädchen gegenüber bin ich eher schüchtern. Aber ich habe seit einiger Zeit eine Freundin. Wir möchten mal heiraten. Küssen und Händchenhalten machen wir auf den Straßen Ammans nicht, das sieht man nur bei Kindern. Von mir gibt es ein lustiges Bild aus meiner Kindheit beim Einkaufen:

Wir wohnen in einem kleinen Haus in der Nähe der Theodor-Schneller-Schule, wo ich zur Schule gehe und gleichzeitig einen Beruf erlerne. Wir sind eine typisch palästinensisch-jordanische Flüchtlingsfamilie. 1986 haben meine Eltern im Flüchtlingscamp geheiratet. Mein Vater verdient bis heute das Geld für unseren Lebensunterhalt mit der Reparatur von Fahrrädern und Autos. Er hat sich das selbst beigebracht und kann das echt Klasse. Meine Mutter ist Hausfrau.

Ich habe eine ältere Schwester mit 19 Jahren und eine jüngere Schwester mit 12 Jahren. Von meinen Schwestern und mir gibt es viele Kinderbilder, z. B. von meiner Erstkommunion.

Mein Bruder, mit dem ich ein Zimmer teile, ist zehn Jahre alt. Ich bin froh, dass ich eine Familie habe. Meine Oma und Opa mütterlicherseits wohnen in unserer Nähe. Ich besuche sie oft, denn sie brauchen unsere Hilfe. Für uns ist es selbstverständlich, dass wir als Großfamilie zusammenleben und einander helfen.

Mein Vater ist das Oberhaupt unserer Familie. Wir arabischen Kinder gehorchen unseren Eltern, weil wir wissen, dass sie es gut mit uns meinen. Natürlich habe ich auch mal eine andere Meinung als meine Eltern, über die wir dann sprechen. Durch den Gehorsam in unseren Familien gibt es nicht so viel Streit. Jeder kennt seine Rolle, seine Möglichkeiten und Grenzen- das gilt besonders für die arabischen Frauen.

Als Junge habe ich auch auf meine Schwestern aufzupassen. Wenn meine ältere Schwester sich z. B. mit einem Jungen verabredet, muss ich dabei sein. Habe ich keinen guten Eindruck von dem Freund meiner Schwester, wird mein Vater meine Schwester bitten, sich von ihm zu trennen. Bevor ich meine Freundin mal heirate, wird meine Mutter schauen, ob sie zu unserer Familie passt.

Bei uns muss man mit seiner Familie und mit seinen Nachbarn gut auskommen, dann geht es einem echt gut. Wir verbringen viel Zeit mit der Familie und den Nachbarn, mit denen wir oft auch verwandt sind.

Ich finde das gut, als Jugendlicher in Jordanien ist man eigentlich nicht alleine.

Station 2: Ich habe ein Heimatland

Ilias hat ein Heimatland: Palästina

Aufgabe: Nehmt euch beim Lesen des folgenden Textes eine Landkarte von Palästina/ Israel/ Jordanien und steckt in jeden im Text erwähnten Ort eine Stecknadel

Für mich ist es nicht leicht zu sagen, was mein Heimatland ist. Meine Eltern und Großeltern sagen: „Unser Heimatland ist Palästina." Ich bin Palästinenser.

Die Familie meines Vaters stammt aus Bethlehem. Das ist die Geburtsstadt von Jesus. Sie liegt heute in der Westbank. Man kann Bethlehem zur Zeit nur durch eine Mauer – manche erinnert sie an die damaligen Berliner Mauer - betreten, die Israel um Bethlehem herum gebaut hat.

Ich darf nicht nach Israel reisen, obwohl dort unsere Heimat ist. Meine Großeltern väterlicherseits, geboren 1934 und 1936, hatten dort eine schöne Kindheit. Sie lebten als katholische Christen in guter Nachbarschaft mit den muslimischen Nachbarn. Mein Großvater lernte von seinem Vater das Schnitzen von Weihnachtskrippen aus Olivenholz. Das ist bis heute ein typisch palästinensisches Handwerk. Die Olivenholzschnitzereien auf deutschen Weihnachtsmärkten werden meistens von Palästinensern verkauft, die aus Palästina geflohen sind.

Meine Großeltern mussten als Kinder zusammen mit ihren Familien 1948 nach der Gründung des Staates Israel aus Bethlehem fliehen. Dabei verlor meine Großmutter ihren Vater und zwei Geschwister. 1948 gehörte den Palästinensern noch 90% des Landes, 1950 hatten die Israelis bereits 58% der Fläche besiedelt. Überall gab es 1948 bittere Kämpfe um Land, um Häuser usw.. Die Familien meiner Großeltern flüchteten nach Jordanien. Dort lebten sie unter primitivsten Zuständen in einem Flüchtlingscamp.

Weil die Familien sich aus Bethlehem kannten, war es abgemachte Sache zwischen den Eltern, dass ihre Kinder einmal heiraten sollen. So feierten meine Großeltern 1960 ihre Hochzeit im Flüchtlingslager in Amman. Mein Vater wurde hier 1964 geboren. Meine Großmutter väterlicherseits sagte oft, dass sie am liebsten in Bethlehem sterben und dort beerdigt werden wolle. Aber es kam anders. Sie ist in Amman begraben worden.

Wir Palästinenser dürfen nicht nach Israel. Wir können unsere Verwandten, die wir in Israel haben, nicht besuchen und dort auch keine Gräber haben – obwohl es dem gemeinsamen Vorfahren von Juden und Arabern, dem Stammvater Abraham, einst gestattet wurde, als Ausländer ein Grab für seine Frau Sarah in Israel zu kaufen (vgl. Gen.24). Ich befürchte allerdings, dass meine Großmutter der Schlag getroffen hätte, wenn sie doch noch ihre Heimat gesehen hätte, denn es wird sich dort sehr viel verändert haben.

Eine zweite Welle von Flüchtlingen floh während des „Sechs-Tage-Krieges" aus der Westbank nach Jordanien. Mit dieser Gruppe kam die Familie meiner Mutter nach Jordanien. Die Familie meiner Mutter stammt aus Hebron. Sie flohen 1967 als der Krieg begann. Meine Großmutter erzählt oft, wie sie hochschwanger mit meiner Mutter im Bauch mit ihrem Mann und vier Kindern den Fußweg von Hebron übers Gebirge nach Jordanien zurücklegen musste, um endlich sicher zu sein. Sie hatten nur ein Bündel mit dem Nötigsten dabei. Unterwegs wurden viele Kinder krank. Aber zum Glück kam ihre Familie gut hier an und fand eine Unterkunft in einer Zeltstadt in einem Vorort von Amman, dem Schneller Camp.

Hier wurden die Familie meines Vaters und meiner Mutter dann zu Nachbarn. Sie halfen sich gegenseitig und hofften auf Rückkehr in ihre Heimat. Daraus ist nie etwas geworden. Nach einiger Zeit wurden die Zelte zu einfachen Baracken umgebaut. Jede Familie mit mehr als vier Kindern bekam zwei Zimmer. Man teilte sich Küche und Bad mit drei bis vier anderen Familien. Da keiner Möbel hatte, aß man auf dem Boden oder schlief auf dem Boden. Meine Eltern haben ihre ganze Kindheit in diesem Camp verbracht. Sie gingen dort auch zur Schule. Die war so voll, dass die Kinder in drei Schichten unterrichtet wurden. Das ist in der Schule des Schneller Camps bis heute so. Auch die Ehe meiner Eltern wurde von ihren Familien eingefädelt. Meine Eltern heirateten 1986 im Schneller Camp.

Sie sagen bis heute: unsere Heimat ist Palästina. Ich kann das manchmal nicht so richtig verstehen. Meine Mutter war ein Kind, als sie auf die Flucht ging und mein Vater ist hier in Jordanien geboren.

Und ich? Ich bin Palästinenser. In meinem Pass steht wie bei allen von uns: „PJ"- d.h. palästinensischer Jordanier. Ich fühle mich auch als Palästinenser. Jordanien besteht heute zu über 80% aus Flüchtlingen. Zur Zeit kommen ganz viele Flüchtlinge aus dem Irak. Die palästinensischen Jordanier sind sehr offen und selbstlos, sie wissen, was Flüchtlinge brauchen und sind bereit zum Teilen. Unsere Heimat ist Palästina, das heilige Land, in dem Jesus lebte. Ich glaube, das ist meine innere Heimat und meine äußere Heimat ist Jordanien.

Station 3: Ich lebe umgeben von Natur und Kultur

Ilias zieht es in die Wüste und zu Ausgrabungen

Wenn ich gefragt werde, welche Landschaft ich in meiner Heimat am liebsten mag, dann sage ich immer: „die Wüste". Ich mag die Weite der Wüste und auch die Kargheit. Mit meinem Vater kann ich stundenlang schweigend durch die Wüste laufen. Früher setzte er mich einfach auf ein Pferd, wenn ich nicht mehr laufen konnte.

Manchmal begegnen wir in der Wüste Beduinenfamilien. Sie sind sehr gastfreundlich und laden Fremde immer zum Tee ein.

Ich bin ein naturverbundener Typ. In uns Arabern steckt etwas Wüstenblut, aber leben möchte ich dort nicht. Es ist bei uns nicht ungefährlich in der Wüste. Sie ist durchzogen von Schluchten, den so genannten Wadis. In Jordanien sterben mehr Menschen durch plötzliche Regenfälle in Wadis als durch Hunger oder Krieg.

Mit unserer Schule haben wir einmal einen Ausflug nach **Petra** gemacht. Das ist eine in Fels gehauene Stadt aus alter Zeit (200 v. Chr., Zeit der Nabatäer), die mitten in der Wüste liegt. Sie ist ein Weltwunder. Wir sind dort durch eine Schlucht gelaufen und standen auf einmal vor einem Felsenpalast, dem Schatzhaus. Das ganze Haus mit mehr als drei Etagen, Säulen, Verzierungen usw. ist in den Stein gehauen. Echt beeindruckend!

Die Nabatäer glaubten, dass Gott im Stein wohnt. Wenn man hinter dem Opferplatz der Nabatäer weiter in die Wüste hineinläuft, kommt man an den Obodastempel. Da sieht man eine Inschrift aus der Zeit von Jesus. Als ich mit meinen Freuden von einem Beduinenjungen zum Obodastempel geführt wurde, haben wir uns auf dem Rückweg total verlaufen- selten hatte ich so viel Angst zu verdursten, wie dort.

Die **Obodas-Inschrift** sagt: *„Dies ist das Bild des Gottes Obodas, welches gemacht haben die Söhne des Honeinu im 29. Jahr des Aretas, des Nabatäerkönigs, welcher sein Volk liebt".* Manche denken, dass Jesus wie Obodas im Nachhinein zum Gottessohn gemacht wurde.

Petra liegt in der Wüste in der Nähe des **Wadi Rum**, in dem der Film „Laurence von Arabien" gedreht wurde. Mit einem Freund und deutschen Freiwilligen von der Schneller-Schule war ich im letzten Jahr im Wadi Rum. Wir sind mit einem Beduinen in seinem Jeep durch die Wüste gerast – der Jeep blieb immer wieder stehen – aber es war echt spaßig. Abends haben wir im Freien in der Wüste unter einem genialen Sternenhimmel übernachtet.

Wasser ist bei uns echt Mangelware. Jede Woche kommt das Wasserauto nach Amman und pumpt uns Wasser in unsere Tonnen. Da kann es schon mal passieren, dass wir einige Tage ohne Wasser auskommen müssen. Wasser ist in unserer Gegend so knapp, das manche meinen, es könnten künftig sogar Kriege darum geführt werden. Zum ersten Mal in meinem Leben habe ich ganz viel Wasser am Roten Meer gesehen. Ich war damals sechs Jahre alt. Menschen aus aller Welt kommen hierher, um zu schnorcheln und Korallen zu sehen. Wir durften im Roten Meer baden, tauchen und toben – das war echt super. Das ist für uns, wie wenn man in Europa in Schokolade baden würde. Mein Vater mietete sogar ein Boot für uns.

Etwas näher an unserem Zuhause ist das **Tote Meer**. Es liegt ca. 400 m unter dem Meeresspiegel und ist total salzig. Im Toten Meer kann man nicht schwimmen, sondern sich nur treiben lassen. Viele Menschen benutzen das Salz vom Toten Meer als Badezusatz oder kommen hierher, um Haut- und andere Krankheiten beim Baden im Toten Meer zu heilen. Schau mal bei euch in einem Drogeriemarkt nach Badesalzen aus dem Toten Meer- und probier sie ruhig mal aus.

Natürlich sind wir auch stolz auf unsere Kultur. In **Gerasch** gibt es z. B. einen gut erhaltenen römischen Tempel, der zu den best erhaltenen der Welt gehört. Als Kinder sind wir dort auf den Säulen herumgeklettert oder haben uns dahinter versteckt.

Auch das römische Theater, das mitten in Amman liegt, ist besonders gut erhalten. Und natürlich gibt es in Amman Einkaufsviertel (in Abdoun) und ein Fußballstadium, in dem die bekannte jordanische Profifußballerin Maysa Ziad Mahmoud Jbarah trainiert. Und nicht zu vergessen die Bauten aus unserm Jahrhundert, z. B. die beiden großen Moscheen in Amman.

Wir Christen zeigen die biblischen Orte in Jordanien: die Taufstelle am Jordan oder den **Berg Nebo**, von dem Mose ins verheißene Land schaute. Ich bin stolz darauf, dass ich im heiligen Land lebe.

Station 4: Meine Schule und was sie mir bedeutet....

Ilias ist Schüler der Theodor-Schneller-Schule in Amman

Jordanien ist ein Land mit vielen Schulen. 75% der Bevölkerung sind Kinder und Jugendliche. Jugendliche in Jordanien wollen gebildet sein, das ist unsere Zukunft: Als Kind habe ich eine katholische Schule in Marka besucht. In Jordanien haben wir Schulpflicht für alle Kinder zwischen sechs und 16 Jahren. Die meisten Jugendlichen machen bei uns nach 12 Schuljahren das Abitur und studieren dann auf einer Universität. Weil der jordanische Staat viel Geld in die Bildung investiert (erstaunlicherweise mehr als Deutschland, nämlich 4,9% vom Bruttosozialprodukt, in Deutschland 4,6%),[17] sprechen viele Schulkinder gut Englisch und manche auch Deutsch neben unserer Muttersprache Arabisch.
Ich bin immer gerne zur Schule gegangen. Technik war und ist mein Lieblingsfach. Da bin ich echt gut. In der Schule saßen wir nach Mädchen und Jungen getrennt. Natürlich trugen wir Schuluniform.

Die Schule in Marka habe ich nach 10 Jahren mit der Mittleren Reife abgeschlossen. Das Photo vom Schulabschluss mit meiner Klasse, bei dem wir besonders gekleidet waren, hängt über meinem Bett. Natürlich wurde unsere Mittlere Reife auch mit einem Gottesdienst in der Kirche gefeiert.

Seit meinem 16. Lebensjahr besuche ich die Theodor-Schneller-Schule (TSS). Sie ist eine christliche Privatschule und liegt neben dem „Schneller Flüchtlingscamp"

Man kann an der TSS die Schule bis zur Mittleren Reife besuchen und eine Berufsausbildung anschließen. Um in die Schule aufgenommen zu werden, muss man ein langes Aufnahmeverfahren durchlaufen – es gibt acht Mal so viele Bewerber wie Plätze. Eigentlich werden nur bedürftige Kinder und Jugendliche aufgenommen. Weil wir Christen sind und in der Nähe der TSS wohnen, wurde ich zum Glück auch aufgenommen. Ich bin ein „Outdoor-Junge", d.h. ich schlafe und lebe nicht im Internat, wie die meisten meiner Mitschüler. In Deutschland würde man mich einen „Berufsschüler" nennen. Von Montag bis Mittwoch und samstags mache ich in der Kfz-Werkstatt der Schule eine Ausbildung zum Automechaniker.

---

[17] Schneller Magazin (4/2008): Aufwachsen im Nahen Osten, Stuttgart, 10ff.

Donnerstags besuche ich die Schule in der TSS und freitags und sonntags haben wir frei. In der Schule habe ich neben Mathe auch Deutsch, Gesellschaftskunde und Religionsunterricht. Meine Kumpels hier an der TSS lassen sich z. B. auch als Schreiner oder Industrietechniker ausbilden. Mir gefällt das praktische Arbeiten in der Werkstatt am besten. Ich weiß, dass wir Automechaniker später in Jordanien gute Berufschancen haben. Deutsche Autos sind hier sehr begehrt. Handwerker, die deutsche Autos reparieren können und das an der TSS gelernt haben, finden in Jordanien nach der Ausbildung besonders gut eine Stelle.

Meine Freunde leben fast alle im Internat der TSS. Manchmal esse ich mit ihnen vor der Schule gemeinsam zum Frühstück. Da gibt es typisch jordanisches Essen: Zuhurat (Blütentee aus Wildrosen, Fenchel, Kamille, Salbei, Anis, Maisblüte), Fladenbrot und Satar (Kräutergewürz mit Öl). Meine Freunde aus dem Internat teilen dort einen Schlafraum mit 10 -12 anderen Jugendlichen. Jeder hat eine Schachtel mit Ersatzwäsche und einigen persönlichen Sachen unter seinem Bett. Viele meiner Kumpels haben keine Eltern mehr und sind echt arm. Nachmittags machen wir manchmal im Klettergarten der TSS Sport. Er ist der erste und einzige Hochseilgarten in Jordanien. Es kommen viele Gäste zum Klettern hierher, wodurch die TSS etwas Geld verdient. Wenn ausgebildete Erzieher der TSS Zeit finden, uns beim Klettern anzuleiten, nutzen wir den Seilgarten selbst. Das ist für uns ein echtes Highlight! Es hat mir echt Spaß gemacht, als Andreas, ein Student aus Ludwigsburg, vor einiger Zeit ein Praxisprojekt mit uns im Hochseilgarten durchführte. Oft spielen wir auf dem Sportplatz der TSS miteinander Basketball.

Unser Pausenhof ist ein Schwimmbad. Da haben wir im Sommer mittags oft viel Spaß.

Oft hängen wir aber auch einfach im Internat rum, reden oder hängen ab. Computerspiele oder Internet interessieren mich kaum, vielleicht weil sich bei uns das Leben von Jugendlichen auf der Straße abspielt. Einige von uns besitzen ein Mofa. Damit fahren wir in Marka herum. Highlight ist, wenn mein Vater mir sein Auto gibt. Dann machen meine Kumpels und ich kleine Ausflüge. Autofahren macht mir total viel Spaß und das Benzin ist bei uns so billig, dass wir uns das als Schüler leisten können.

Station 5: Religion spielt für mich (k)eine Rolle

Ilias gehört zu einer Religionsgemeinschaft

Fast alle meine Freunde sind Muslime. Jordanien ist ein muslimisches Land. 97% der Bevölkerung gehören zum Islam. Man sieht das z. B. daran, dass viele Frauen in Jordanien auf der Straße das Kopftuch tragen. In meiner Kindheit war das nicht so, aber seit so viele Muslime aus dem Irak zu uns kommen, wird die Religion mehr in der Öffentlichkeit gezeigt. Unser Wochenende geht von Donnerstagabend bis Freitag. Freitags gehen viele Männer in die Moschee und die Geschäfte bleiben zu. Ihr denkt vielleicht, ein Land, in dem über 90% Muslime leben, ist rückständig und es sieht aus wie ein türkisches Wohngebiet in euren deutschen Großstädten. Der Islam in Jordanien ist ganz anders als der türkische Islam in Deutschland. Unser Staat ist demokratisch und steht zugleich auf der Grundlage der Scharia. D.h. der Koran ist die Grundlage unseres Zusammenlebens. Deshalb soll in Jordanien niemand obdachlos sein, verhungern oder durch Gewalt missbraucht werden, auch wenn ich zugeben muss, dass das nicht immer so ganz gelingt. Dass es in Jordanien auf dem Lande z. B. immer noch Ehrenmorde gibt[18] oder Frauen ohne Rechtsbeistand in Gefängnissen eingesperrt sind, bezeichnen besonders Frauenrechtlerinnen bei uns als Skandal – auch ich.

Dennoch sind wir Jordanier zu recht stolz darauf, dass die „Botschaft von Amman" *(Amman Message*[19]*)*, in der im Namen des Islam zum Frieden aufgerufen wird, aus unserem Land kommt.

Ich komme aus einem katholischen Elternhaus. Uns ist die Mutter Jesu, Maria, sehr wichtig. Es gibt einige Marienorte in unserem Land, die ich mag, z. B. **Anjara**.

Leider sind heute nur noch 2 bis 3% der Bevölkerung Jordaniens Christen. Derzeit wandern viele Christen aus Jordanien aus. Sie kommen mit dem zunehmend konservativen Islam hier nicht zurecht. In der Tat haben es Christen heute schwerer in Jordanien als noch vor zehn Jahren. Sie haben mehr Probleme, einen Arbeitsplatz zu bekommen oder Ihre Kinder nach ihren Vorstellungen zu erziehen. Meine Eltern sagen, dass sie heute mehr Angst haben, als Christen in Jordanien zu leben, als früher. Etliche Christen aus unserem Bekanntenkreis erzählen, dass es heute in Jordanien immer schwieriger wird, den Glauben zu leben. Christliche Frauen, die emanzipiert erzogen worden sind, fühlen sich unterdrückt, wenn sie arabische Frauenrollen übernehmen sollen. So wie Muslime in christlichen Ländern an ihrem Feiertag arbeiten müssen, müssen wir Christen in Jordanien am Sonntag arbeiten. Dennoch sagt uns das jordanische Königshaus, dass wir Christen wichtig fürs Land sind. Viele Christen sind sehr gebildet. Sie haben Kontakte nach Europa und Amerika, von denen z. B. Schulen wie die TSS profitieren.

---

[18] Terre des femmes: Nein zu Verbrechen im Namen der Ehre- Hilfe für Frauen in Jordanien.www.frauenrechte.de.
[19] www.jordanembassy.de/**Amman**%20**Message** %20German%20final.pdf

Ich bin froh, dass meine Eltern mich christlich erzogen haben, auch wenn ich dadurch zu einer Minderheit gehöre. Ich finde es gut, wie sozial Jesus gelebt hat und möchte das nachmachen – natürlich nicht seine Ehelosigkeit, denn zu einem arabischen Mann gehören Frau und Familie. Aber ich möchte mich gegenüber Kranken, Armen oder Außenseitern so verhalten wie Jesus. Ich lese nicht viel in der Bibel, doch kenne ich wichtige Geschichten daraus. Ich wurde als Kind getauft und hatte mit acht Jahren meine Erstkommunion. Ein besonderes Highlight war für uns der Besuch von Papst Johannes Paul II am 21.3.2000. Er feierte mit uns eine Messe im Stadion von Amman, zu der wir alle mit Kerzen und weißen Gewändern kamen. Wir trugen sie stolz wie Taufkleider.

Obwohl die meisten Mitschüler Muslime sind, gibt es bei uns keinen „Religionskrieg". Jeder kann und soll an der TSS seine Religion leben können. Die christlichen Schüler nehmen z. B. am christlichen, die muslimischen Schüler am muslimischen Religionsunterricht teil. Jeder hat die Möglichkeit, seine Feste (wie z. B. Ramadan oder Weihnachten) in der Schule zu feiern – oft laden wir uns auch gegenseitig zum Feiern ein. Wenn unsere muslimischen Mitschüler im Ramadan fasten, essen wir aus Rücksicht nicht vor ihren Augen – allerdings fasten wir nicht mit. Wir sind Christen und wollen das auch bleiben. Wichtig ist, dass wir alle lernen, durch den Glauben an Gott bessere Menschen zu werden.

In den Internatsgruppen wird vor dem Essen gemeinsam gebetet. Weil „Gott" im Arabischen „Allah" heißt, können bei uns christliche und muslimische Jugendliche gemeinsam beten: „Wir danken dir Allah für dieses Essen". Die Kirche auf dem Schulgelände steht immer offen. Manchmal gehen meine muslimischen Mitschüler auch zum Beten rein und niemand würde sie vertreiben. In der Kirche gibt es ein Glasbild, auf dem Schneller, der Begründer der Schneller-Schulen abgebildet ist.

Wenn die Menschen weltweit so offen mit ihrer religiösen Verschiedenheit umgingen wie wir an der TSS, wäre Mission und Religion für Jugendliche sicherlich viel attraktiver als heute. Ich denke, dazu müsste meine Generation sich mehr für Gott interessieren, die Heiligen Schriften besser kennen und unterscheiden können zwischen dem, was Gott möchte und was Menschen aus der Religion machen. Ich bin fest davon überzeugt, dass Religion wichtig ist für den Frieden auf unserer Erde.

Station 6: Ich finde Politik (un)wichtig

Ilias lebt in einer Gesellschaft

Viele Leute sagen: „Die Jugend von heute interessiert sich nicht für Politik." Das stimmt für mich nur bedingt. Bei uns im Nahen Osten gehört Krieg leider immer wieder zur Tagesordnung. Als ich z. B. als Kind in Karama auf den Felsen vor dem Denkmal des unbekannten Soldaten herumkletterte, wusste ich nicht, dass hier einst eine Schlacht zwischen Israelis und Jordaniern stattgefunden hatte, bei der viele Jordanier starben.

Es gibt demokratisch regierte Länder wie Israel oder Jordanien, die die Menschenrechte zur Grundlage der Politik machen. Das finde ich gut – auch wenn bei uns die Scharia z. B. beim Erb- oder Eherecht noch Frauen benachteiligt.

Wenn man genauer hinschaut, haben religiöse Wortführer im Nahen Osten ganz schön viel Einfluss auf die Gesellschaft, z.B. bei uns die Islamische Aktionsfront mit ihrem Slogan: „Der Islam ist die Lösung". Oder schaut euch die israelischen Siedler in den palästinensischen Gebieten an, die meinen, ganz Israel gehöre den Juden, nur weil ihr Stammvater Abraham dort vor über 2000 Jahren einwanderte – übrigens in ein Land, das meine Vorfahren schon damals besiedelten. Politik, die nur schaut, wer welches Land besitzen darf oder wie ein Land mit Waffengewalt zu erobern bzw. verteidigen ist, ist mir nicht wichtig. Politik, die für Gerechtigkeit und Frieden sorgt und die ganze Welt auffordert, Ungerechtigkeiten in Ländern wie unserem zu bekämpfen, die ist mir dagegen total wichtig.

Ich bin manchmal entsetzt, wie wenig Jugendliche aus Europa über unser Leben hier im Nahen Osten wissen. Nur wenigen ist bewusst, dass unser Schicksal hier ganz viel mit europäischer Politik zu tun hat (Briten und Franzosen haben hier die Grenzen gezogen, so entstand 1946 Jordanien), und auch damit, dass Deutschland Millionen von Juden ermordet hat. Wenn das nicht passiert wäre, gäbe es wohl den Staat Israel (der ja erst 1948 gegründet wurde) nicht und wir würden hier in Frieden leben. Ich finde es gut, dass immer mehr deutsche Jugendliche zum Zivildienst oder sozialen Jahr nach Jordanien kommen, um sich ein eigenes Bild über unser Leben und unsere Lage zu machen. Mich ärgert es, dass viele deutsche Jugendliche denken, wir Araber hätten unsere Gefühle nicht im Griff und würden deshalb wie Tiere aufeinander losgehen. Wir sind nicht unzivilisiert – im Gegenteil: wir sind Gemeinschaftsmenschen und lernen von klein auf, mit Rücksicht und Respekt zusammen zu leben.

Ich habe das z. B. bei den christlichen Pfadfindern erlebt.

Ein Freund von mir arbeitet mit im ´National Forum for Youth and Culture´ der Konrad Adenauer Stiftung in Amman.

Die bringen überall in Jordanien, aber auch in Nahost und Europa, Jugendliche zusammen, die gemeinsam Ideen für eine friedlichere Zukunft entwickeln.
Sie haben sogar eine eigene Jugendwebsite. Neulich war ich dabei, als sie einen Workshop zum Thema ´Jugend TV´ durchführten. Da haben wir überlegt, wie wir die TV Sender auffordern könnten, mehr Sendungen für Jugendliche zu übertragen. War echt interessant. Ein Lehrer von mir hat einmal gesagt: „wenn alle Politiker, die miteinander streiten, erst einmal arabisch miteinander essen würden, wären wir dem Frieden ein ganzes Stück näher". Recht hat er – das Essen ist für uns Araber total wichtig. Wir sitzen stundenlang beim Essen zusammen, streiten da über Politik und suchen Wege zum Frieden, die immer erst durch den Magen gehen, bevor sie im Kopf ankommen.

Projekttag des National youth forums ▼

Baustein 3: (Zeugnis): Namen tragen eine Message
Meine Schule trägt einen Namen.
Die Message der Schneller-Bewegung – ein Impuls für Frieden an unserer Schule?

3.1. Informationen für die Hand der Lehrenden:
http://www.horstkannemann.de/schneller.html; EMS(2009): Die Schneller Schulen in Jordanien und Libanon www.ems-online.org; Schneller, Herrmann(1971): Johann Ludwig Schneller; Evangelischer Verein für die Schneller Schulen: Schneller Bote

3.2. Unterrichtsbaustein: Meine Schule trägt einen Namen – Die Message der Schneller Bewegung – ein Impuls für Frieden an unseren Schulen?

Phase – Kompetenz – Inhalt	L-SCH Aktivität	Methoden, und Medien
Einstiegsphase: 10 Minuten Ich trage einen Namen Die SCH können anhand ihres eigenen Namens die Bedeutung beschreiben, die Namen bzw. Namenlosen zugeschrieben wird. Erarbeitung von Kriterien, die Namen von Menschen bedeutsam machen (Soziale Taten, Mut, Leidensbereitschaft usw.)	SCH lesen die Begriffe an der Tafel und äußern sich zur Bedeutung von Namen. SCH und L diskutieren über ihre Wahrnehmung von Namen und Rückschlüsse auf Personen. SCH gestalten ihren Namen und dessen Bedeutung bildhaft. L ergänzt Tafelbild durch Namen von Schulen vor Ort und überlegt mit den SCH, nach welchen Personen und warum diese am jeweiligen Ort so benannt sind.	Tafel: an der Tafel stehen die Namen aller SCH der Klasse sowie Sprichwörter und Hinweise zur Bedeutung von Namen (**M9**). U-Gespräch über die Bedeutung eines Namens, eigene Stammbäume mit Colorierung Namenslexikon U-Gespräch mit Tafelarbeit (Festhalten der Kriterien)
Erarbeitungsphase: 60 Minuten Thema: Die Schneller-Bewegung hat sich (Gott) einen Namen gemacht. Die SCH können die Bedeutung der Ideen der Schnellers für das friedenspädagogische Profil der TSS benennen und begründen	Die SCH erarbeiten in Gruppen die Entwicklung und Bedeutung der Schneller-Mission und setzen die Ergebnisse ihrer Auseinandersetzung kreativ um. L hilft einzelnen SCH beim Verstehen des zu bearbeitenden Textabschnittes und gibt Impulse für die Darstellung.	Arbeitsgleiche Gruppenarbeit; Text zur Schneller-Mission: **M10** Landkarte von Europa und Nahost: www.unimaps.com Map of Middle East 1914 political und Weltkarte.co. Landkarte Europa; PC, CD Player, Mikrophone, Verkleidungsutensilien, Gegenstände zum spirituellen Gebrauch (Hocker, Buch, Kerze, Bibel), Fotos vom Leben der Schneller-Bewegung
Präsentation der Ergebnisse: 20 Minuten Die Schneller-Mission macht sich (bzw. Gott) einen Namen… Die SCH können das für Sie Anregende und Anstößige der Schneller-Bewegung darstellen und darüber mit Anderen in Austausch treten.	SCH stellen ihre Arbeitsergebnisse vor und schreiben einen Artikel über Schnellers Leben und Wirken für ein Jugendlexikon, den sie mit passenden Bildern, Clipps, Karikaturen usw. versehen.	Präsentation von Gruppen vor der Klasse (oder auch der Stufe, der Projektgruppe) – U-Gespräch im Klassenverband Dokumentation der Präsentationen mit Fotos oder Videoausschnitten, die – wie der Text **M10** - ins Port Folio aufgenommen und persönlich kommentiert werden.
Transfer: Namen, auch Namen von Schulen oder öffentlichen Einrichtungen, stehen für eine Message: 5 Minuten. **Ergebnissicherung**: SCH spielen Spiel zur Schneller-Bewegung.	SCH und L diskutieren darüber, ob Schulen in Deutschland „Schneller-Schulen" genannt werden könnten und was dort dann leitbildhaft passieren müsste. SCH tragen Ergebnisse bildhaft ins Spielfeld ein und spielen „Schneller Activity".	U-Gespräch im Dilemmastil (Pro - Kontra Gespräch, Suche nach Lösungen - z. B. Schneller-Schulen an Orten, an denen Schneller wirkte usw.). Kreatives Gestalten in Gruppen; Spiel: „Schneller Acitivity" **M11**

M 9: Sag mir Deinen Namen und ich sage dir, wer Du bist

Tafelbild mit Namen der SCH und folgenden Sprichwörtern quer durcheinander geschrieben:

- Guter *Nam* und Redlichkeit, übertrifft den Reichtum weit. (Volksweisheit)
- *Name* ist Schall und Rauch. (Goethe, Faust)
- Wenn der Leib in Staub zerfallen, lebt der große *Name* noch. (F. v. Schiller)
- Bei vielen Leuten ist nur der *Name* etwas wert. (Labruyere)
- Sich einen *Namen* machen (Redensart aus der Bibel)
- Der *Namenlose* ist dem Tode geweiht. (Volksweisheit)

Die Namensforschung hat herausgefunden, dass die meisten Nachnamen auf Landschaften und Berufe zurückgehen. Wie ist es bei dir? Male Deinen Stammbaum bis zwei Generationen zurück und gestalte die Vor- und Nachnamen so, dass ihre Herkunft und Bedeutung erkennbar sind (z. B ein Schiff für den Namen Schiffer)

M 10: Das Namhafte der Schneller-Bewegung: eine historische Spurensuche

Hinweis für Lehrende: Inhalt ist das Zeugnis der Schneller-Mission anhand von Erzählungen und Originalzitaten. Ziel ist es, in der Auseinandersetzung mit historischen Statements zur Schneller-Bewegung ein Gespür für die innere Dynamik und die Ideale zu entwickeln, die die Visionen vom Frieden in der Schneller Bewegung tragen und bis heute mit dem Namen „Schneller" verbunden sind – auch als Impuls, um sich mit eigenen Handlungen für den Frieden auseinanderzusetzen. Wer das Wirken Schnellers nicht durch SCH erarbeiten lassen will, kann den Text als Vorlage einer Präsentation nutzen und an markierten Stellen die entsprechenden Bilder einfügen. Für leistungsstarke SCH eignen sich besonders die Texte 3 und 8, für schwächere die Texte 1,6,7,9.

Aufgaben:

- Setzt euch bitte in Gruppen zusammen. Teilt bitte alle Textblätter zu Phasen aus Schnellers Leben unter euch auf. Lest bitte euren Text (oder Texte) durch.

- Unterstreicht in eurem Text wichtige Worte oder Sätze, die etwas „Namhaftes" von Schneller berichten. Achtet besonders darauf: Welche Rolle hat der Glaube für Schneller gespielt und wie wird das sichtbar? Fasst eure Ergebnisse in 3 bis 4 Schlagzeilen zusammen.

- Arbeitet mit der Landkarte zur Schneller-Bewegung: Sucht Orte aus eurem Text in der Landkarte und malt oder schreibt zu jedem Ort einen Begriff oder ein Symbol, die etwas von Schnellers Wirken zeigen. Nummeriert die Orte entlang der Reiseroute und verbindet die Orte mit Strichen.

- Erzählt euch der Reihe nach (an Schnellers Lebenslauf entlang), was Ihr Wichtiges über Schnellers Visionen vom Frieden und sein missionarisches Wirken entdeckt habt. Lest dabei euren Mitschülern mindestens ein Originalzitat aus eurem Textabschnitt vor und übersetzt dieses in eure Sprache als „Schneller-Message" eures Textes.

Alternative Möglichkeiten einer Auseinandersetzung mit dem Text:

Eine Powerpoint Präsentation:

- Erstellt miteinander eine PP-Präsentation zu Schnellers Leben unter der Überschrift: Der Name „Schneller" steht für…

- Verwendet Zitate aus dem Text und erklärt sie den Betrachtenden.

- Benutzt und deutet den Begriff der Mission, um Schnellers Wirken zu erklären.

- Macht in eurer Präsentation deutlich, was euch am Leben der Schnellers ge- und was euch missfällt. Was würdet Ihr die Schnellers gern einmal fragen oder ihnen sagen? Ihr könnt eure Präsentation gerne mit Karten, Musik unterlegen. Bilder zu Schnellers Leben findet Ihr u. a. bei:
Wikipedia: Johann Ludwig Schneller und die Schneller Schulen
www.das syrische_Waisenhaus.de (gute Photos zu den Schnellers)
www-ems-online. (Die Schneller Schulen und Fotos zum Unterrichtsmaterial zum Schneller-Jahr)

Ein Theaterstück: Setzt das Wirken Schnellers in ein Theaterstück um.

Orientiert euch dabei an den Unterstreichungen. Die Originalzitate von oder über Schneller, die Ihr im Text und in den Fußnoten findet, sollen im Stück im O-Ton gesprochen und evtl. auch kommentiert werden. Benutzt und deutet in eurem Schauspiel ab und zu den Begriff der Mission, um Schnellers Wirken zu erklären. Macht in eurer Aufführung deutlich, was euch am Leben der Schnellers ge- und was euch missfällt, und was Ihr die Schnellers gerne einmal fragen oder ihnen sagen würdet. Versucht, so viele Dialoge wie möglich in eure szenische Umsetzung aufzunehmen. Ihr müsst das Leben Schnellers nicht nachspielen, Ihr könnt es auch mit von euch eingefügten Personen von heute weiter- oder neu spielen.

⊞ Eine Museumsausstellung: Setzt das Wirken Schnellers in eine Sonderausstellung zur Schneller-Mission in einem Museum um.

Modelliert oder sucht euch Gegenstände, die etwas über Schnellers Wirken erzählen. Baut damit eine Schneller-Ausstellung auf. Schreibt mit 1 bis 2 Sätzen, was jeder Gegenstand mit Schneller zu tun hat. Die Originalzitate von oder über Schneller, die Ihr im Text und in den Fußnoten findet, sollen in eurer Ausstellung gut lesbar vorkommen und evtl. auch mit passenden Gegenständen versehen werden. Benutzt und deutet in eurer Ausstellung ab und zu den Begriff der Mission, um Schnellers Wirken zu erklären. Macht in eurer Ausstellung deutlich, was euch am Leben der Schnellers ge- und was euch missfällt und was Ihr die Schnellers gerne einmal fragen oder ihnen sagen würdet. Ihr müsst das Leben Schnellers nicht einfach nachgestalten, Ihr könnt es auch mit von euch eingefügten Personen oder Zitaten von heute anreichern

🎧 Ein Hörspiel zu Schneller (CD-Player und Mikros notwendig): Setzt das Wirken von Schneller in ein Hörspiel um.

Überlegt euch typische Szenen und Handlungen, die das Stück gliedern können. Überlegt, welche Personen bei euch auftauchen und mit welcher Stimme, Sprache usw. sie im Hörspiel erkennbar sind. Die Originalzitate von oder über Schneller, die Ihr im Text und in den Fußnoten findet, sollen in eurem Hörspiel gut hörbar aufgenommen und evtl. auch mit passenden Kommentaren versehen werden. Benutzt und deutet in eurem Hörspiel ab und zu den Begriff der Mission, um Schnellers Wirken zu erklären. Legt besonderen Wert auf Geräusche oder Musik, die Schnellers Anliegen hörbar unterstützen. Macht in eurem Hörspiel deutlich, was euch am Leben der Schnellers ge- und was euch missfällt und was Ihr die Schnellers gerne einmal fragen oder ihnen sagen würdet. Ihr könnt es auch mit von euch eingefügten Personen oder Zitaten oder Musik von heute anreichern

Hilfsmaterial: Landkarte zur Schneller-Bewegung (M10, S. 114)

| 1820 Geburt | 1838 Schulabschluss – Studium | Lehrtätigkeit |

Historische Spurensuche: Die Familie Schneller und ihre „Mission"

1. Schnellers Kindheit und Jugend in Deutschland

Johann Ludwig Schneller wurde 1820 in Erpfingen auf der schwäbischen Alb geboren.

Seine Eltern lebten als arme Bauern auf der Schwäbischen Alb. Schneller wurde in armen Verhältnissen groß. Im Gegensatz zu Jugendlichen aus bildungsfernen Schichten, die einfach herumhingen, war Schnellers Interesse am Lernen so groß, dass er viel las und neugierig zuhörte, was Freunde seiner Eltern z. B. über Afrika erzählten. Sein Glück war, dass er tolle Lehrer und einen engagierten Pfarrer hatte, die ihn in seiner Neugierde am Lernen unterstützen. So konnte Schneller mit 18 Jahren einen höheren Schulabschluss machen und Lehrer werden. Sein Leben lang bezeichnet Schneller seine Kindheit als glücklich. Ihn stärkte besonders das Gottvertrauen seiner Eltern, das selbst in ausweglosen Lagen Mut schenkte. Im Hauskreis seiner Eltern, wo man sich zum Bibellesen traf, fühlte er sich wohl. In diesem „Bibelkreis" lernte Schneller auch zu beten. Er beschreibt das später selbst so:

„Unseren Seelen wurden früh eine Richtung nach oben gegeben; und ich fühle es noch heute, wie mir das Herz warm geworden ist. Das ist's, was mich später gehalten hat, dass mir damals das Herz warm wurde." [20]

Ein Highlight der Woche war für ihn als Kind die Bibelstunde am Sonntag, die ein Bauer hielt. Diese „Kinderstunde" hat er später als Leiter der Schneller-Schule zum Höhepunkt der Woche gemacht. Bis heute findet in den Schneller-Schulen am Sonntag ein Gottesdienst statt.

Schneller war überzeugt, dass man auf Gottes Wort hören muss, um zu spüren, was die Menschen brauchen. So betete er z. B. täglich für seine Schüler:

„Gib mir (Gott) Gewissenhaftigkeit, Treue, Eifer im Amt, Geduld und Sanftmut, mit meinen Schülern umzugehen, wie es dein Wille ist. Lehre mich, sie so zu tragen, wie du mich altes Kind trägst. Nimm meine Kinder, Herr Jesu, selbst in deine Hand. Bearbeite sie, wie es dir gefällt und wie du sie haben willst; denn ich bin durch mich selbst untüchtig, sie zu leiten, wo du es nicht für mich und durch mich tust." [21]

An Orten, in die Schneller als junger Lehrer geschickt wurde (z.B. Bergfelden bei Sulz am Neckar, Klein Eislingen bei Göppingen, Auendorf bei Göppingen, Vaihingen/Enz,) nahm er sich die Zeit, am Sonntag ehrenamtlich in Gemeinden zu

---

[20] Schneller, Hermann: Johann Ludwig Schneller, Metzingen, 1971, S. 6.

17 Gebet J. Schnellers für seine Schüler, a.a.O., S. 8.

2. Schneller kommt in die Schweiz und zieht weiter nach Jerusalem

predigen. Es sprach sich schnell herum, dass Schneller die Bibel interessant auslegen kann. Und dass er aufgrund seiner praktischen Fähigkeiten den Bettlern zugleich zeigte, wie man z. B. durch Korbflechten selbst Geld verdienen kann, machte ihn zu einem wichtigen Mann im Dorf. Das machte sein Bart deutlich, der zu ihm gehörte wie sein Glaube. Viele nannten ihn: „Vater Schneller", weil er sich um sie kümmerte wie ein guter Vater.

Schneller hatte einen Jugendwunsch: er wollte Missionar werden. Sein Vater war dagegen. Als sich Vater und Sohn einmal in Eislingen im Wirtshaus trafen und heftig über seinen Wunsch stritten, mischte sich ein Fremder ins Gespräch ein und sagte: „Wenn euer Sohn zum Missionar bestimmt ist, so wird er es doch werden, so sehr ihr euch auch dagegen sträubt."[22]

Kurz darauf versetzte das Schulamt Schneller nach Vaihingen. Er sollte dort junge Strafgefangene beschulen. Da fügte es sich, dass Schneller im vierten Jahr seiner Vaihinger Arbeit von einem Herrn Spittler quasi aus der Schule abgeworben wurde, um in einer Missionsschule in der Schweiz junge Handwerker zu Missionaren auszubilden. Spittler hatte diese Schule in Chrischona bei Basel gekauft. Er war auf der Suche nach geeigneten Lehrern, die künftige Missionare beschulen und mit ihnen zusammen leben wollten. Schneller ließ sich nicht zweimal bitten: sein Traum, selbst einmal Missionar zu werden, rückte näher. Als Lehrer an einer Missionsschule konnte er junge Männer ausbilden, die im Ausland das Christentum verbreiten würden. Dabei sollten sie sich – wie der Apostel Paulus – ihren Lebensunterhalt durch ein Handwerk selbst verdienen können. Eine gute Idee: So müssen die Missionare nicht „mit durchgefüttert" werden, sondern können sich selbst versorgen. Schneller nahm die Aufgabe gerne an, auch wenn er nicht darauf gefasst war, dass er in Chrischona in einer kleinen Kammer leben, nichts verdienen und von Spittler nur das Nötigste zum Überleben erhalten würde. Außerdem musste er neben dem Unterricht mit seinen Schülern zusammen kochen, waschen usw, weil kein Personal für solche Dinge da war. Auch in Chrischona und Umgebung hielt Schneller am Sonntag die „Erbauungsstunden". Menschen kamen für eine Stunde zusammen, um sich in einer Stunde durch eine Bibelauslegung stärken zu lassen. Und wie überall kamen die Leute in Scharen, um Schneller predigen zu hören.

---

[22] A.a.O, S.10.

| 1854 unerlaubte Verlobung | Jerusalem |

Irgendwann hat es in Basel den Schneller erwischt. Er hat sich verliebt – gegen alle Regeln! Eigentlich sollten die Missionare unverheiratet sein, um überall hingeschickt werden zu können. Doch wer möchte schon so leben! Schneller hatte all die Jahre Briefkontakt zu einer Jugendfreundin, Magdalene Böhringer aus Eschenbach bei Göppingen, gehalten. Magdalenes Jugendwunsch war es auch, in die äußere Mission zu gehen, doch ihre Eltern erlaubten das nicht. Ein junges Mädchen in Afrika oder im Orient – das wäre viel zu gefährlich, sagte die Mutter. So arbeitet Magdalene in der Inneren Mission, mit Hilfebedürftigen im Inland. Magdalene versorgte Kranke, bis man sie als Lehrerein an die Kinderrettungsanstalt nach Göppingen holte. Dort erreichte sie eines Tages ein Brief von Schneller, in dem er ihr einen Heiratsantrag machte. Sie gab ihr „Ja" mit Worten aus dem Buch Rut der Bibel:

„Wo du hin gehst, da will ich auch hin gehen; wo du bleibst, da bleibe ich auch. Dein Volk ist mein Volk, und dein Gott ist mein Gott. Wo du stirbst, da sterbe ich auch, da will ich auch begraben werden. Der Herr tue mir dies und das, der Tod muß mich und dich scheiden." [23]

Nachdem Schneller seine Magdalene 1854 in Eschenbach geheiratet hatte, wurde er – ein wenig zur Strafe – von der Basler Pilgermission[24] nach Jerusalem geschickt. Nun mussten Magdalenes Eltern ihre Tochter doch in die Fremde ziehen lassen und gaben ihr sogar noch Geld mit, von dem Schneller und seine Frau sich später vor den Toren Jerusalems ein Haus kaufen konnten. Auch Schnellers Vater willigte mittlerweile ein und entließ Sohn und Schwiegertochter mit Gottes Segen nach Jerusalem. Es ermutigte Schneller sehr, dass sein Vater dabei zu beiden sprach:

„Der Gott Abrahams, Isaaks und Jakobs segne euch und ziehe mit euch in das Land, das er euch verheißen hat"[25]

Schneller sowie seine Frau und sechs Missionare aus Chrischona waren fünf Wochen an Bord eines Segelschiffes von Marseille aus unterwegs, bis sie endlich den Hafen von Jaffa in Palästina erreichten. Sie wurden von einem Missionar empfangen, doch kaum im Land, trauten sie ihren Augen nicht: Nirgendwo gab es eine Straße. Auf Feldwegen mussten die Schnellers tagelang auf einem Esel nach Jerusalem reiten. Was heute eine Eventtour ist – mit Kamel oder Esel durchs Hl. Land reiten – war damals ein spannendes, aber nicht ganz ungefährliches Geschehen. Davon berichtet Schnellers Sohn Ludwigs später in einem Reisebericht und lässt das Ganze auch malen:

---

[23] Luther Bibel von 1912: Buch Rut Kap.1,16b-17.
[24] Missionsbewegung, die ihren Sitz in Basel hat, vgl. de.wikipedia.org/wiki/**Basler_Mission**; www.ems-online.org/bmdz.html.

[25] Schneller, Hermann: Johann Ludwig Schneller, 1971,.S.19.

3. Schneller beginnt sein Lebenswerk in Palästina

In Palästina herrschten damals chaotische Zustände. Hier lebten ca. 200.000 Menschen unter osmanischer Herrschaft. 90% waren Muslime, einige wenige Christen oder Juden. Doch der Westen hatte zunehmend Interesse an der Region. Viele Orte waren heruntergekommen. So berichtet ein Reisender aus Europa damals:

„Palästina habe mehr verfallene als bewohnbare Ortschaften. Die Bevölkerung sei fanatisch und unzivilisiert, die Verwaltungsorgane bestechlich und unfähig.... Es sei ein Land ohne jede Transportmöglichkeit, ein Land, in dem Überfälle auf Reisende, Angriffe der Beduinen auf die sesshafte Bevölkerung und andere Gewalttaten schon Tradition seien; ein Land, in dem kein einziges Hotel, keine Krankenstation, kein Krankenhaus und auch keine einzige Schule existiere, oder zumindest keine Einrichtung, die einen dieser Namen nach westlichen Maßstäben verdient hätte. Ein Land, in dem der Industrialisierungsprozess noch nicht einmal ansatzweise begonnen hatte. Um es kurz zu sagen: es herrschte noch 'mittelalterliche Finsternis'."[26]

Viele Europäer wollten ihre Vorstellungen von Arbeit in den Orient bringen – auch Schneller. Er schrieb in sein Tagebuch:

„Arbeit, Arbeit ist's vor allem, was wir diesem Volk außerdem noch bringen müssen. Wofür lehren wir die Kinder, wenn wir sie nicht in den Stand setzen, hernach mit Ehren ihr eigen Brot zu essen? Sollten wir etwa gelehrte Bettler erziehen? Wofür lehren wir sie evangelische Erkenntnis und Religionsausübung? Sollten wir etwa faule, fromme Schwätzer erziehen? Wir tun dies im vollen Bewusstsein, dass wir damit gegen die Strömung dieses Volkes schwimmen"[27]

Die, die damals wie die Schnellers aus Europa nach Palästina kamen, machten sich im Orient schnell einen Namen. Sie bekamen dafür besondere Rechte, z. B. konnten sie Land kaufen und ihren Glauben ausüben. Wichtig war den Christen ihr Handeln an Schwachen und Benachteiligten. Manche nannten ihr Tun: „Kreuzzug der Liebe ohne Waffen".[28] Das klingt in unseren Ohren problematisch, zumal einige dabei das Ziel verfolgten, aus Ungläubigen oder Heidenkinder gute Christen zu machen. Es wird berichtet:

„Auch die Missionsarbeit an 'Heiden, Juden und Mohammedanern' schloß er (Schneller) in seine Gebete ein und flehte, Gott wolle sich aller Menschen erbarmen, damit sie zur Erkenntnis der Wahrheit kommen und gerettet werden."[29]

Wie viele Missionare seiner Zeit fühlte J. Schneller sich damals dazu von der Bibel aufgefordert. Dort gibt es u.a. drei Bibelstellen, die ihm für seine Mission wichtig wurden: Joh 14,6; Apg 4,12 und Mt 28,19-20.[30]

Kaum waren die Schnellers in Jerusalem angekommen, zogen sie ins Brüderhaus der Basler Pilgermission ein. Die einheimischen Christen in Jerusalem, u.a. der englische Missionsbischof, begrüßten die jungen Leute herzlich. Schon bald merkten Schneller und seine Frau, dass ein Großteil der Bevölkerung Palästinas kaum Lesen und Schreiben konnte. Noch mehr bedrückte Schneller, dass fast niemand in dem Land, in dem Jesus einst gelebt hatte, an Jesus Christus glaubte. Im Jahresbericht schreibt Schneller:

---

[26] Vgl Reisebericht eines Europäers im Carmel, Alex; Eisler, Jakob: Der Kaiser reist ins Heilige Land. Eine Bilddokumentation, Stuttgart 1999, S.12-13.
[27] Schneller, Ludwig: Vater Schneller, Leipzig 1898, S.109.
[28] Carmel, Alex; Eisler, Jakob: Der Kaiser reist ins Heilige Land. Eine Bilddokumentation, Stuttgart.1999.S.12-13
[29] Schneller, Hermann: Johann Ludwig Schneller, Metzingen, 1971, S.9.
[30] S. Baustein M3.

Rückschläge und geduldiges Weiterarbeiten

„Wir halten's ja nicht mit denen, welche so schreiben: man tut Unrecht, wenn man in jetziger Zeit Jerusalem anders ansieht als irgend ein anderes Nest in jedwedem Winkel der Erde. Wir haben die seligen Stunden unserer Kindheit im Geist dort verlebt, es ist ja unsere zweite Heimat geworden, es knüpfen sich unsere teuersten Hoffnungen für die Zukunft an diese Stadt und an dieses Land bis hinauf auf das Jerusalem, das droben ist. Der Ort bleibt uns ja geweiht und geheiligt vor allen anderen, seit Christus da sein Blut vergossen hat für unsere und aller Welt Sünden. Und es schmerzt uns alle gleicherweise, dass dieser teure Ort in den Händen der Feinde des Kreuzes Christi ist, und so dies arme und elende Volk noch heute im Schatten des Todes wandelt. Und, nicht wahr, wir fühlen's einander ab, wir halten uns gegenseitig berufen, ihre Füße aufzurichten auf den Weg des Friedens, wir sind klein und bleiben an der Gnadenarbeit Gottes in Jerusalem und machen darin fröhlich miteinander fort" [31]

Leider konnte Schneller die Erwartungen, die an ihn gestellt wurden, nicht erfüllen. Das Brüderhaus verfiel, seine Bewohner arbeiteten für andere Projekte. Als die sechs Missionsschüler fertig ausgebildet waren, zog die Pilgermission sie ab aus Jerusalem und gab ihnen eigene Aufgaben an Orten entlang der Apostelstraße. Den Schnellers schlug er vor, einfach ein Hotel für Orientreisende aufzumachen, doch das lehnte Schneller ab. Er antwortete Spittler:

„Ich kann nicht in einem des Evangeliums so bedürftigen Landes das Wort Gottes lassen und zu Tisch dienen" [32]

Schneller blieb in Palästina. Was er einst beim Betreten des Landes gesagt hatte, sollte weiter gelten:

„Es geschah dies mit dem festen Entschluss, nicht mehr zurückzusehen und dem Gebetswunsch: im Dienst des Herrn darin zu leben und zu sterben und seine Bewohner, soviel an ihnen sei, zurückzuführen zur seligen Gemeinschaft der Kinder Gottes." [33]

Auch wenn man heute Kritik übt an Schnellers Bekehrungswillen, muss man ihm abnehmen, dass er es gut mit den Menschen vor Ort meinte. Schnellers Leben in Jerusalem hatte etwas vom Leben Jesu. Er musste viele Niederschläge einstecken und wurde doch der Begründer einer gigantischen Idee. Das Logo der Schneller Schulen zeigt das: ein Lamm, das ein Kreuz trägt. Für Schneller ist es Christus, der den Tod überwunden hat.

---

[31] zitiert in: Schneller, Hermann: Johann Ludwig Schneller, Metzingen, 1971 S.22

[32] zitiert in: Schneller, Hermann: Johann Ludwig Schneller, Metzingen, 1971, S. 23.
[33] Ausspruch Schnellers beim Betreten Palästinas, zitiert in Akel, Samir: Anfänge in Jerusalem, in: Die Schneller Schulen, EMS Südwestdeutschland, Oktober 1993, S. 13.

> 1860 Ermordung vieler Christen im Libanon – Syrisches Waisenhaus gegründet

4. Das Syrische Waisenhaus

Obwohl Schneller mit seiner Frau bereits 1855 ein Haus in der Nähe Jerusalems gekauft hatte, wollte niemand dort etwas von ihm wissen. Immer wieder überfielen Räuber das Haus und zeigten Schneller, dass er in ihrem Land nichts zu suchen habe. Dennoch bauten die Schnellers das Haus stets wieder auf und hielten täglich eine Andacht im Haus. Schneller verdiente etwas Geld mit Privatunterricht. Als die ersten beiden Kinder Theodor und Ludwig geboren wurden, reichte es hinten und vorne nicht, zumal das Haus immer wieder ausgeraubt wurde.

So nahmen die Schnellers das Angebot von Bischof Gobat an, mit ihren kleinen Kindern nach Jerusalem zurückzukehren. Missionarisches Wirken braucht einen typischen Ort, eine typische Situation und bereite Menschen. Alles fand sich dann 1860: Im an Palästina angrenzenden Gebiet des heutigen Libanon herrschte Krieg. Viele Kinder wurden hier zu Kriegswaisen. Schneller reiste in den Libanon nach Beirut und Sidon. Das Elend vor seinen Augen war traumatisch: Hunderte von weinenden Müttern, hungernden Kindern und wenige überlebende Männer, die resigniert da hockten. Schneller wusste sofort, was zu tun: „Ich muss die Kinder ermordeter Christen nach Jerusalem holen." Obwohl viele Kinder obdachlos waren, wollten ihre Verwandte sie Schneller nicht mitgeben. Er war für sie ein fremder, christlicher Ausländer. Selbst die Maroniten, das sind orientalische Katholiken, wollten Kinder aus ihren Reihen nicht einem Protestanten überlassen. So kam Schneller am Ende nur mit neun Kindern nach Jerusalem. Viele Kinder waren in Schnellers Augen verwahrlost:

„Die Kinder kamen im elendesten, unreinlichsten Zustand und manche kränklich in unser Haus. Der größte Teil unseres Lebensgangs bildete eine fortgesetzte Kreuzesschule, die oft unerkannt zu seinen köstlichen Gewürzen gehörte. Wir hatten manchen Zug aus diesem bitteren Kelch zu tun; denn wir waren lauter neue, ungeübte Kräfte, wirkend an Kindern, die einander fremd und feindselig gegeneinander eingestellt waren. Es kostete viel, uns und sie zusammenzugewöhnen, dass wir uns untereinander lieben lernten, was der Herr in Gnaden erreichen ließ" [34]

Am Martinstag 1860 begann er, nunmehr wieder in seinem eigenen Haus, vor den Toren Jerusalems, das „Syrische Waisenhaus" aufzubauen.

---
[34] Schneller, Hermann: Johann Ludwig Schneller, S. 34.

Leben im Syrischen Waisenhaus

Er nannte es so, weil die meisten Kinder aus der damaligen Provinz Syrien des osmanischen Reiches kamen. Die Anstalt wurde bald so groß, dass ihre Fläche größer war als die Altstadt von Jerusalem. Bis heute ist der 11.11. in den Schneller Schulen ein kleiner Feiertag – und 2010 besonders. Dann feiern die Schneller- Schulen das 150 jährige Jubiläum. Allerdings wird das Jerusalemlied, das zu Schnellers Lieblingsliedern gehörte,[35] und vermutlich auch bei der Eröffnung des syrischen Waisenhauses gesungen wurde, heute nicht mehr gesungen. Die gespannte politische Situation macht es nicht mehr möglich, Jerusalem zu bejubeln – auch wenn der Text bis heute aktuell ist. Dafür singt man heute das Lied „Salam" und bittet um Frieden.

---

[35] Jerusalem, Jerusalem, die du so hoch gethront; du Wohnung Gottes lieb und wert, du Himmel unterm Mond! Jetzt mit den Deinen unterm Fluch geknechtet jämmerlich, Jerusalem, Jerusalem, stets weinen wir um dich.

5. Das syrische Waisenhaus und sein Netzwerk

Der Auftrag, den Schneller bereits 1861 im 1. Paragraph der Ordnung des Syrischen Waisenhauses festhielt, ist bis heute geblieben:

„Unser Haus ist eine Erziehungs- und Bildungsanstalt, wo arme Menschenkinder zu nützlichen Gliedern der menschlichen Gesellschaft erzogen und gebildet werden."[36]

Der Anfang im Syrischen Waisenhaus war nur zu meistern durch die vielen Pakete mit Wäsche usw., die Schneller aus seiner schwäbischen Heimat erhielt. Schneller wollte noch mehr Notleidenden helfen, sodass er ein Netzwerk der Unterstützung aufbaute. Das Bild des Netzes war für ihn auch ein Bild für seine Missionsvorstellung. Er schrieb an seinen Vater:

„Denn der unglücklichen Waisen sind an der syrischen Küste Tausende, sie sterben dahin in ihrem Elend, und wir können nicht, wie wir sollten, das Netz Christi auswerfen in das Meer dieser Not."[37]

Weil viele Menschen damals und bis heute das Schneller-Netzwerk, z.B. im „Ev. Verein für die Schneller-Schulen" unterstützten,[38] konnten Schneller und seine Nachfahren vielen Kindern im Orient mit der Bibel das Lesen und Schreiben lehren. Schnellers Vision von einer friedlichen Welt setzt sich dabei durch: Erziehung als Liebe, Beispiel und Vorbild ist die Errettung und Erziehung zum Kind Gottes.

„Die Kinderrettungshäuser sollten also vor der bösen Welt draußen bewahren und mit dem Eintritt des Kindes ins Waisenhaus wurde um seine neue Identität gerungen."[39]

---

[36] Akel, Samir (1978): Der Pädagoge und Missionar Johann Ludwig Schneller, Bielefeld, S. 100.
[37] Zitat eines Briefes von Schneller an seinen Vater, in Akel, Samir, Anfänge in Jerusalem, in: Die Schneller Schulen, EMS Südwestdeutschland, Oktober 1993, S.14.
[38] Vgl. www.evs-online.org
[39] vgl. Hinderer, August: Was zur Tat wurde. Bilder aus der inneren Mission in Württemberg. Stuttgart. 1910. zitiert in Carmel, Alex; Eisler, Jakob: Der Kaiser reist ins Heilige Land. Eine Bilddokumentation, Stuttgart.1999, S.15. Wie die Zellerschen Rettungshäuser oder das Rauhe Haus Wicherns befand

Schnellers Waisenhaus sollte nicht nur ein sozialer Ort sein, sondern ein Zentrum der Verkündigung des christlichen Glaubens. „Seine (Schnellers) Kinder sollten der Missionierung Palästinas dienen; sie sollten unter den Mohammedanern im Lande ´Salz und Licht´ sein. Durch ein vorbildliches christliches Leben sollten sie auf die Umgebung wirken und sie zur Nachahmung ermutigen".[40] Schneller wünschte sich, dass alle Menschen, die im Heiligen Land leben, sich für Jesus Christus begeistern.

Dazu wollte Schneller den Waisen sowohl eine Schul- und Berufsbildung geben als sie auch mit der christlichen Botschaft vertraut machen. Das ist bis heute das Ziel der Schneller-Mission.

---

sich deshalb auch das Syrische Waisenhaus außerhalb der Stadt.
[40] vgl. Schneller, Hermann: Johann Ludwig Schneller, S.49.

Ausbau des Hauses und des Gartens

Täglich kamen Arme, um ihre Kinder bei den Schnellers abzugeben. Schneller baute sein Haus aus, unterrichtete die Kinder und zeigte ihnen viele handwerkliche Dinge. Arbeit wurde auch in den Garten investiert. Ganz wichtig war Schneller, dass die Kinder fröhlich waren. So wurde im Hause Schneller viel gesungen und gespielt. Dazu gab es etliche Tiere, mit denen man Arbeit, aber auch viel Spaß hatte. Das ist geblieben. Heute findet man in der TSS in Amman neben dem Hochseilgarten einen orientalischen Sinnesgarten mit Klang-, Tast- und Wasserelementen inmitten duftender Pflanzen.[41] Auch einen Streichelzoo gibt es, der bei den Kleinen sehr beliebt ist.

Dass man bei Schneller viel lernt und dennoch Kind bleiben kann, sprach sich in Jerusalem und Umgebung schnell herum.

Dennoch war das Zusammenleben mit den so verschiedenen und notleidenden Kindern für die Schnellers nicht immer leicht. Schneller beschrieb den Alltag als „Kreuzesschule". Am Ende des ersten Jahres lebten die Schnellers mit 41 Waisenkindern zusammen in ihrem Haus.

---

[41] Vgl.ghadeer_fakhouri@hotmail.com.

Und dennoch – Scheitern der klassischen Mission!

Täglich wurde selbstverständlich mit allen Waisen, Christen wie Nichtchristen, gesungen, gebetet und aus der Bibel vorgelesen. Begabte Kinder unterrichtete Schneller höchstpersönlich.

Sie sollten später einmal Missionare werden und als Lehrer, Pfarrer oder Evangelisten arbeiten – betriebsinterne Ausbildung sozusagen. Dafür benutzte Schneller das Bild vom Netz wieder. Er wollte, dass die Schneller-Schüler als erwachsene Christen arabischer Herkunft ihre arabischen Mitbürger über ein Netzwerk von Gemeinden missionieren und zu „Waisenhaus–Colonien" machen. Auch dieser Plan scheiterte: „Schneller musste bald erfahren, dass Mission in Palästina nicht unbedingt Heidenmission bedeutete – denn nur ganz wenige Muslime und Juden, die die Anstalt besuchten, traten in all den Jahren zum christlichen Glauben über".[42]

> **Schneller wollte, dass die Kinder nach ihrer Ausbildung als Missionare arbeiteten.**

---
[42] Eissler 1997; Akel 1978 zitiert in: Carmel, Alex; Eisler, Jakob: Der Kaiser reist ins Heilige Land. Eine Bilddokumentation, Stuttgart.1999, S. 15.

1890 Ein Bauernhof als Mittelpunkt eines christlichen Dorfs

6. Schneller bleibt konsequent bis zum Ende

Schnellers Wirken zog Kreise. Sein manchmal etwas autoritärer Führungsstil machte ihm auch Feinde – so wurde er sogar in der Stuttgarter Zeitung für seine Pädagogik kritisiert.[43] Doch Schneller verteidigte sich. Er schrieb nach Stuttgart, dass man armen und sozialgeschädigten Kindern nur dann ein echtes neues Zuhause geben kann, wenn man ihnen auch Ziele und Grenzen vermittelt.

Dazu verlangte er von den Angehörigen seiner Zöglinge eine Unterschrift. Sie mussten sich verpflichten, die Kinder bis zum 15. Lebensjahr bei ihm zu lassen. Nur so wäre es möglich, aus verwahrlosten Kindern gute Bürger zu machen, sagte Schneller. Die Schnellers gingen selbst mit gutem Beispiel voran: sie aßen zusammen mit den Kindern in einem Raum, lebten mit ihnen unter einem Dach und beteiligten die Kinder an wichtigen Entscheidungen, z.B. über Finanzen, Sponsorengelder usw.

Aber die Kritik aus der Heimat und von anderen Missionaren in Palästina kostete ihn viel Kraft. Nicht nur, dass er immer wieder an Malaria erkrankte, nein, er litt zunehmend unter Schwächeanfällen. Doch er gab nicht auf – auch nicht in Zeiten, als eine schreckliche Heuschreckenplage und die Cholera in Palästina kursierten.

Mittlerweile wurden im Syrischen Waisenhaus auch Mädchen sowie Blinde beherbergt und beschult.

Um sein Haus mit eigenem Obst, Gemüse, Eiern usw. zu versorgen, pachtete Schneller 1890 in Bir Salem einen Bauernhof. Hier entstand ein christliches Dorf, das nicht nur die Schnellers in Jerusalem, sondern viele Menschen im Lande mit Orangen versorgte.

Diese Orangen wurden jahrelang von den Schneller-Schulen auch nach Deutschland exportiert. Außerdem konnten die Handwerker in den Werkstätten wie z.B. Schuster, Tischler, Schneider, Schmiede, Drechsler, Schlosser, Töpfer und Buchdrucker zum Lebensunterhalt des Syrischen Waisenhauses beitragen.

So hatte Schneller etliche Handwerker angestellt, die neben der praktischen Tätigkeit auch in der Erziehung mithalfen. Das wurde zunehmend zum Problem, denn ungelernte Erzieher und Lehrer haben andere Vorstellungen von dem, was für Kinder wichtig ist, als ausgebildete Pädagogen. Mit diesem Problem haben die Schneller-Schulen bis heute zu kämpfen.

---
[43] so Schneller, Hermann: Johann Ludwig Schneller, Metzingen, 1971, S.34

1896 „Vater Schneller" stirbt im syrischen Waisenhaus

Die Schnellers waren eine große Familie. Sie hatten fünf eigene und unzählige angenommene Kinder.

Johann Ludwig Schneller, genannt „Vater Schneller", starb 1896 in seinem syrischen Waisenhaus. Bevor er erschöpft einschlief, segnete er seine Frau und alle Kinder. Er starb in der Überzeugung, dass Gott ihn ins Heilige Land geschickt hatte, um hier das Werk Jesu fortzusetzen. Schneller wurde auf dem Zionsfriedhof in Jerusalem in der Nähe seines Sohnes Benoni beerdigt, der mit fünf Jahren gestorben war.

Der Friedhof gehört zur Zionskirche, in der Schneller regelmäßig zum Gottesdienst ging. Das Grab ist bis heute erhalten. Auf dem Grabstein steht: „Die Lehrer werden leuchten wie des Himmels Glanz, und die viel zur Gerechtigkeit weisen, wie die Sterne immer und ewiglich." (Dan 12,3)

Bei der erwähnten Zionskirche handelt es sich um die Christ Church von 1849 hinter dem heutigen Christian Information Center. Sie war (noch vor dem Bau der St. George Cathedral an der Nablus Road und der Erlöserkirche) die gemeinsame Kirche des anglikanisch-protestantischen Bistums. Die anglikanische und die protestantische Kirche verdankten viele ihrer Gemeindeglieder der Arbeit Schnellers. Heute arbeiten die meisten Kirchen im Nahen Osten eng zusammen – nicht nur weil die Christen eine immer kleinere Minderheit werden.

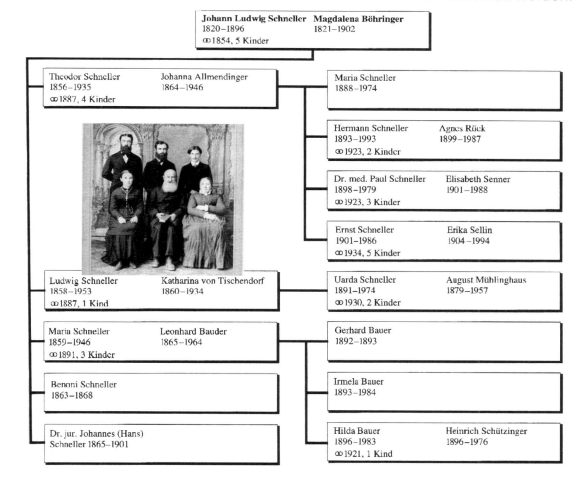

1897 – 1901 Ausbau der Jerusalemer „Anstalt" durch Theodor Schneller

7. Schnellers Vision zieht Kreise

Schnellers Söhne setzen sein Werk fort. Der zweite Sohn Ludwig suchte in Deutschland Sponsoren für die Fortführung der Schneller-Arbeit. Schnellers ältester Sohn Theodor übernahm die Leitung des Syrischen Waisenhauses in Jerusalem. Er baute die Anstalt weiter aus, sodass 1901 ca. 325 Kinder dort lebten. Rund um das Haus bildete sich eine evangelische Siedlung, in der Ehemalige und Mitarbeitende des Waisenhauses wohnten. 1910 konnte in Jerusalem das 50 jährige Bestehen des Syrischen Waisenhauses gefeiert werden. Dazu schickte der deutsche Kaiser sogar einen Prinzen nach Jerusalem, der die Glückwünsche des deutschen Volkes überbringen sollte.

Die Missionsarbeit Schnellers war mittlerweile auch politisch interessant, sicherte sie doch den Deutschen auch eine Anwesenheit im Heiligen Land. Zudem wurden Hunderte von Kindern in Palästina nach dem württembergischen Bildungsplan unterrichtet und verfügten damit über eine christlich geprägte Bildung in einer muslimischen Umwelt. Voller Stolz schreibt Schnellers Sohn 1897:

„Dieser große Landkomplex ist für die Zukunft des Hauses, das längst nicht mehr bloß der Waisenversorgung dient, sondern zu einer Missionsanstalt für ganz Palästina geworden ist, von der allergrößten Wichtigkeit. Hier, rings um das Haus, werden jetzt Jahr für Jahr mehr solche evangelischen arabischen Familien angesiedelt, welche im Haus erzogen wurden.

Export von Waren nach Deutschland

In Kirche und Schule des Syrischen Waisenhauses finden sie ihren naturgemäßen Zusammenschluss zu einer Gemeinde, die sich wie eine stets wachsende, große Familie um das Mutterhaus mit seinen 300 Bewohnern lagern soll. Im gewerblichen Leben Jerusalems und in den industriellen Anlagen des Syrischen Waisenhauses finden diese Gemeindeglieder ihr Brot und lohnenden Verdienst. Anderthalb Tausend arabischer Männer und Jünglinge sind jetzt durch das Haus hindurch gegangen. Und wer einmal Palästina durchquert und selbst in den entlegensten Gegenden, wie Samaria und Galiläa und auf dem Libanon, immer wieder arabischen Männern begegnet ist, die ihn mit dem traulichen „Grüß Gott" anredeten, der wird einen Eindruck davon bekommen haben, dass die Arbeit „Vater Schnellers" nicht vergeblich gewesen ist."[44]

Ferner wurden ab 1890 etliche Waren aus den Schneller-Werkstätten nach Deutschland exportiert, z.B. Schnitzereien aus Olivenholz, Wein und auch „Taufwasser vom Jordan". Bis heute kann man übrigens in Deutschland Schneller-Produkte kaufen. Über Deutschland hinaus unterstützen damals in Schweden, Holland, England, Russland, Australien, den USA und in der Schweiz viele Menschen das Syrische Waisenhaus in Jerusalem. U.a. schenkten einzelne Personen und Kirchengemeinden aus Deutschland dem Syrischen Waisenhaus auch Glasfenster und ein Gemälde, die man heute noch in der Kirche der TSS in Amman besichtigen kann. Entdeckst du darauf Schneller?

---

44 Ludwig Schneller, 1897 zitiert bei: Waiblinger, Martina: Johann Schneller und das Syrische Waisenhaus. S.106.

8. Weitere Schneller-Schulen entstehen

1910 sollte in Nazareth im Norden Palästinas eine zweite Schneller-Schule gebaut werden. In Deutschland tobte mittlerweile der Erste Weltkrieg. Dadurch gingen die Spenden zurück, sodass die Anstalt erst 1928 in Betrieb genommen werden konnte. Während des Ersten Weltkrieges drohte das Projekt „Schneller-Schulen" fast zu scheitern: Theodor Schneller musste die Anstalt an die englische Armee und das englische Rote Kreuz abgeben, die Kinder einigen Mitarbeitern überlassen und selbst nach Württemberg zurückreisen. Doch ab 1921 konnte er das Werk seines Vaters wieder in Jerusalem weiterführen. Nach dem Ersten Weltkrieg übernahm Schnellers Enkel Hermann Schneller die Leitung des Syrischen Waisenhauses in Jerusalem. Zwischen 1923 und 1934 wuchs die Zahl der Mitarbeitenden auf 100 und die der Gebäude von 30 auf 51. Das Syrische Waisenhaus war die modernste Berufsschule im Nahen Osten.

Es wurde ein Bastelbogen vom Syrischen Waisenhaus erstellt und in alle Welt verkauft. In Zeiten, als Jugendliche sich gerne mit Pappe und Schere die Freizeit vertrieben, haben unzählige junge Menschen in ihrer Freizeit ein Modell der Jerusalemer Institution ausgeschnitten, geklebt und in deutschen Wohnzimmern aufgestellt.

Alles kam ins Wanken, als ab 1925 immer mehr Juden nach Palästina einwanderten. Es kam zu Kämpfen zwischen den Einheimischen und den Eingewanderten, die auch am Syrischen Waisenhaus nicht Halt machten.

Als nach 1933 die Judenvertreibung gen Palästina einsetzte, waren deutsche Einrichtungen im neu entstehenden „Land der Juden" den Eingewanderten ein Dorn im Auge. Jüdische Häuser und Siedlungen überbauten so manches palästinensische Haus. Auch um die Schneller-Schule herum wurde kräftig gebaut.

Der Zweite Weltkireg und das Ende der Schneller-Einrichtungen in Palästina

Keiner weiß genau, warum wenig später im Innenhof des Syrischen Waisenhauses eine Hakenkreuzfahne hing. Sie war zwar die offizielle deutsche Fahne, aber ahnten die Schnellers nichts von ihrem Unheil? Man wusste, dass die Familie Schneller kaisertreu und patriotisch war. Wie stolz hatte Ludwig Schneller immer wieder davon berichtet, dass er Kaiser Wilhlem II. auf seiner Reise ins Heilige Land durch das Land geführt habe. Doch trotz seiner Freundschaft mit dem deutschen Kaiser trat Ludwig Schneller, der in Deutschland lebte, später nicht der NSDAP bei. Er hielt zur „Bekennenden Kirche", einer Bewegung, die den Nationalsozialismus ablehnte. Dagegen gehörten seine Neffen Ernst und Hermann Schneller in Jerusalem zur Leitung der NSDAP Ortsgruppe.

Im Zweiten Weltkrieg internierten die Engländer, die seit dem ersten Weltkrieg Palästina kontrollierten, alle Deutschen, auch die vielen deutschen Mitarbeitenden des Syrischen Waisenhauses und beschlagnahmten alle deutschen Einrichtungen. Einheimische Mitarbeiter konnten mit 80 Schülern in die Schule nach Nazareth fliehen und dort die Arbeit Schnellers weiter führen. Bald fanden 150 Kinder hier ein Zuhause und erhielten eine Berufsausbildung.

Als jedoch 1948 der Krieg zwischen den Israelis, die mittlerweile den Staat Israel gegründet hatten, und den Arabern ausbrach, schickte Hermann Schneller die Kinder nach Hause und floh mit denen, die niemanden mehr hatten, in den Libanon. Von dort aus musste er mit ansehen, wie das Syrische Waisenhaus in Jerusalem

von den Israelis enteignet wurde. Aus dem Syrischen Waisenhaus in Jerusalem wurde ein israelisches Militärcamp.

In dieser Kaserne lagerte über Jahre, in einer Holzkiste unentdeckt, der Altar der einstigen Kirche. Er wurde bei Renovierungsarbeiten im Jahr 2010 entdeckt, als die Kaserne in Wohnungen für fromme Juden umgebaut wurde. Gerne hätten die Mitarbeitenden der heutigen TSS in Amman den Altar dorthin gebracht. In der Kirche dort befinden sich bereits die Glasfenster, Glocken und Bänke aus der einstigen Kirche des Syrischen Waisenhauses.

| 1952 Schneller-Schule im Libanon | 1959 Schneller Schule in Amman |

Doch der Altar fällt unter das Antiquitätengesetz in Israel. Er darf nicht ausgeführt werden. Deshalb wird er 2010 in einer Kirche auf dem Ölberg aufgestellt.

Nach Kriegsende gaben die Söhne von Theodor Schneller und der Evangelische Verein für das Syrische Waisenhaus (EVS) in Deutschland nicht auf. 1952 gründete Hermann Schneller im Auftrag des EVS die Johann-Ludwig-Schneller-Schule (JLSS) in Khirbet Kanafar im Libanon.

1959 legte Ernst Schneller den Grundstein der heutigen Theodor-Schneller-Schule (TSS) in Amman, die er nach seinem Vater benannte.

2004 Weihnachtsempfang beim König

9. 150 Jahre Schneller Message

Beide Schulen wollen auch heute „christlichen und muslimischen Kindern aus armen und benachteiligten Familien eine Heimat und Zukunft geben"[45]. In beiden Schulen wurden und werden muslimische und christliche Kinder mit familiär schwierigem Hintergrund zusammen erzogen. Sie teilen ihr Zimmer, sitzen in der Schule nebeneinander und arbeiten miteinander. Wie wichtig die Schneller-Schulen für die Friedens- und Bildungsarbeit im Nahen Osten sind, zeigen Politiker. Sie unterstützen öffentlich die Arbeit der Schneller-Schulen. So hatte z.B. der jordanische Staat kurz vor der Gründung der Schneller Schule in Amman ein Gesetz erlassen, das den Neubau von christlichen Einrichtungen verboten hatte. Und dennoch nahm König Hussein von Jordanien an der Grundsteinlegung der Schule am 11.11.1959 teil. Das fortwährend gute Verhältnis der Schneller Schule zum Königshaus zeigt sich auch darin, dass die christlichen Kinder der TSS im Jahr 2004 zu einem Weihnachtsempfang in den königlichen Palast eingeladen wurden. Bald soll auf dem Gelände der Schneller-Schule in Amman eine große Wartungswerkstatt für Busse entstehen – dann wird der Name „Schneller" auch mit Tourismus, Autowerkstatt und Begegnungsort für verschiedene Menschen in Verbindung gebracht werden.

Und dennoch sind die Schneller-Schulen auch heute noch Orte der Mission. Heute geschieht das anders als zu Johann Ludwig Schnellers Zeiten: Johann Ludwig Schneller hatte damals erlebt, dass etliche muslimische Eltern ihre Kinder wieder aus der Schule genommen hatten, weil getaufte muslimische Kinder es in ihrer Umwelt einfach schwer hatten.

Religion ist im Orient bis heute wichtig für die Menschen, weil Familienzugehörigkeit und Religionszugehörigkeit zusammenhängt. Heute geht es nicht mehr darum, in der TSS Unterstützung zu geben, um die gute Nachricht zu verkünden (wie einst bei Johann Ludwig Schneller), sondern Unterstützung zu geben als Teil der guten Nachricht. Es geht darum, den Bedürfnissen der ganzen Person gerecht zu werden, nicht nur den spirituellen, oder den körperlichen oder den physischen Bedürfnissen.[46] Es geht in der Mission der Schneller Schulen um das ganze Kind, den ganzen jungen Menschen, seine Herkunft, sein heutiges Leben und seine Zukunft. Kindern wird ein Zuhause gegeben – bei Menschen und bei Gott.

Alle Schneller-Schüler wissen, was das Christentum ist und wer Christus ist, auch wenn sie nicht an ihn glauben. Sie lernen, alle Menschen zu achten und Frieden zu bringen. Salam - das ist eine Hymne, die man bis heute in den Schneller-Schulen oft singt (s. o.).

---

[45] Waiblinger, Martina (2002): Blick in die Zukunft. Die Schneller Schulen stellen sich kommenden Herausforderungen. In: Gemeinde Sonnenbühl (Hrsg): Mit Ehren ihr eigen Brot essen. J.L. Schneller. Begründer des Syrischen Waisenhauses in Jerusalem. Ausstellungskatalog. S. 30.

[46] Vgl. Kassis, Riad: religiöse Erziehung in einem interreligiösen Kontext am Beispiel einer christlichen Internatsschule; in : EMS: Informationsbrief Nahost 8/2000, Nahost, Stuttgart, S. 29.

zu M10: Karte zur Entwicklung der Schneller-Bewegung
(Karte mit eingezeichneten Ortsnamen auf CD)

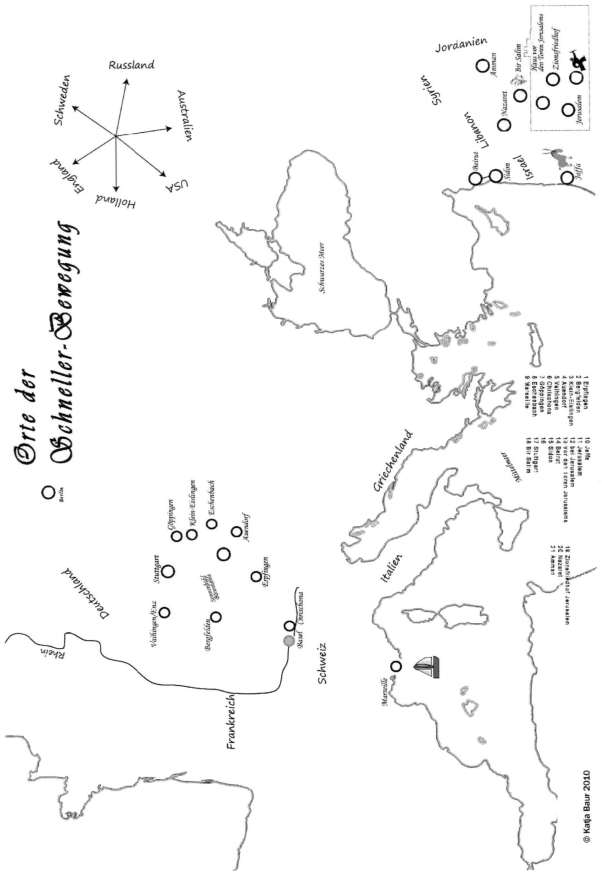

114

M11: Schneller-Activity

Spiel wie beschrieben in der Basisanleitung
www.praxisjugendarbeit.de/spielesammlung/activity.html
aber in 9 Phasen (A – I) entlang der Biographie (ab S. 96)
Je nachdem, wo die Spielfigur steht, wird der entspreche Begriff der Karte im aktuellen Spielmodus (Zeichnen, Erklären, Pantomime) dargestellt.
Verwendete Karten unten in den Stapel legen, falls ein Begriff bereits dran war, nächste Karte ziehen

Schneller-Activity
A: Flüchtling
B: Gottvertrauen
C: Chaos
D: Apostelstraße
E: Auftrag
F: Wirkkreis
G: Siedlung
H: Weltkrieg
I: Hintergrund

Schneller-Activity
A: Bibelkreis
B: Strafgefangener
C: Reisender
D: Räuber
E: Rettungshaus
F: Grenze
G: Mitarbeiter
H: Rotes Kreuz
I: Friedensarbeit

Schneller-Activity
A: Gegensatz
B: Missionsschule
C: Überfall
D: Andacht
E: Heimat
F: Unterschrift
G: Prinz
H: Enkelsohn
I: Neubau

Schneller-Activity
A: Kinderstunde
B: Erbauungsstunde
C: Bettler
D: Krieg
E: Nachfahre
F: Feind
G: Kirchengemeinde
H: Flüchtling
I: Parkplatz

Schneller-Activity
A: Bergfelden
B: Handwerk
C: Tagebuch
D: Hauptstadt
E: Netzwerk
F: Sponsor
G: Glückwunsch
H: Judenvertreibung
I: Königshaus

Schneller-Activity
A: Religionslehrer
B: Briefkontakt
C: Strömung
D: Obdachlos
E: Berufsausbildung
F: Schwächeanfall
G: Werkstatt
H: Palästinenserin
I: Unterstützung

Schneller-Activity
A: Wirtshaus
B: Eventtour
C: Niederlage
D: Lieblingslied
E: Hochseilgarten
F: Adoptivkind
G: Zusammenschluss
H: Missionsbefehl
I: Orient

Schneller-Activity
A: Korbflechter
B: Jugendfreundin
C: Kreuzzug
D: Ausländer
E: Ortszeit
F: Blindenhund
G: Olivenholz
H: Grundstein
I: Politiker

Schneller-Activity
A: Sanftmut
B: äußere Mission
C: Heidenkind
D: St. Martin
E: Wäscheberg
F: Orangenplantage
G: Taufwasser
H: Hintergrund
I: Taufwasser

Schneller-Activity
A: Auendorf
B: Heiratsantrag
C: Schatten
D: Eröffnung
E: Vorbild
F: Adoptivkind
G: Leithammel
H: Naher Osten
I: Zuhause

Es spielen **zwei Gruppen** gegeneinander. Zu Beginn steht pro Gruppe eine Spielfigur am Startfeld. Nach erfolgreicher Darstellung des Begriffes innerhalb einer Minute rückt die Figur um 1 Feld weiter, bei **Feldern mit Zahlen** um die angegebene Zahl von Feldern.

Beim Zeichnen: nicht sprechen!
Erklären: ohne Teile des zu erklärenden Wortes.
Pantomime: nicht sprechen, kein Zeigen auf Personen und Gegenstände.

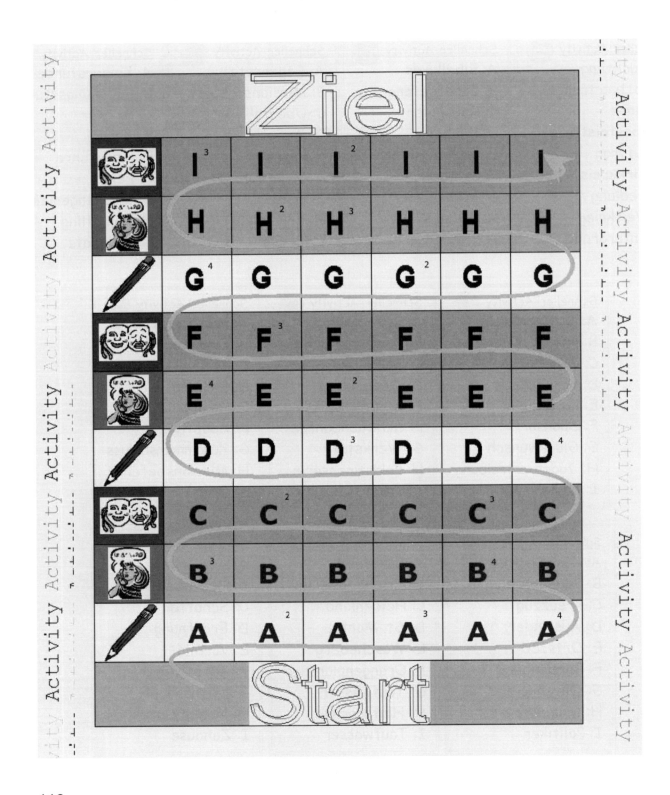

Baustein 4 (Diakonie): Gemeinsam sind wir stark

4.1. Informationen für die Hand der Lehrenden:
J. L. Schneller gilt als Begründer der Äußeren Mission in Nahost. Die Schneller-Schulen verstehen sich nicht als Orte einer Barmherzigkeitsdiakonie, sondern als Orte gelebter Friedensdiakonie in Bildung, Erziehung und Betreuung. Sie umfassen damit das weite Feld diakonischen Handelns in Wort und Tat. Vgl: Löffler, Roland (2006) Protestanten in Palästina

4.2. Unterrichtsbaustein: Einander dienen? Das Miteinander auf dem Gelände der TSS als Modell für gemeinschaftliches Zusammenleben in der einen Welt
Einander dienen – Schneller als Wegbereiter diakonischer Mission im Nahen Osten

Phase – Kompetenzen - Inhalte	L-SCH-Aktivität	Methoden und Medien
Einstieg ins Thema: 20 Minuten Helfen oder Wegsehen?	SCH gehen in Ecken des Klassenzimmers, setzen sich dort mit Bildern von 4 Notsituationen in ihrem Umfeld auseinander (**M12**). SCH überlegen, wie sie auf die Not reagieren würden. Austausch der Ergebnisse; L strukturiert und moderiert World Cafe	Methode: World Cafe (**M13**) Fotos **M12**
Erarbeitungsphase 1: 10 Minuten Not schreit zum Himmel	SCH setzen sich mit der Not von Jugendlichen in Jordanien auseinander – Fragen und Methode wie bei **M12** – SCH diskutieren, wie den Jugendlichen an der TSS geholfen werden könnte.	**M14:** Die Fotos den Themen von **M12** entsprechend aus dem Umfeld der TSS in Amman
Erarbeitungsphase 2: 30 Minuten: Weg mit den „Losigkeiten" (z.B. besitz-los, arbeits-los usw.) – Missionare sind Handlanger Gottes Die SCH können mit Hilfe des „Handsymbols" Ursachen, Gründe und Formen des diakonischen Handeln an der TSS darstellen und damit beschreiben, warum die TSS ihre Aufgabe als „Handlanger Gottes" versteht SCH können Fähigkeiten und Fertigkeiten, die für den Dienst an der TSS notwendig sind, in ein Stellenprofil bringen und im Anzeigenstil aufschreiben	SCH hören von Jugendlichen, deren Not sich gewendet hat. SCH beschreiben anhand von „Handstellungen" (öffnen, festhalten, segnen usw), warum die Mitarbeitenden der TSS sich als „Handlanger" Gottes verstehen; L konzentriert Gespräch auf die vier Handlungsformen der Diakonie: Solidarität, Barmherzigkeit, Gerechtigkeit, Respekt. SCH entwickeln anhand der vier Beispiele **M15** einen fiktiven Ausschreibungstext für einen Mitarbeiter, der an der TSS arbeiten möchte (Jordanier oder Deutscher). Das soll er/sie: können / wissen / glauben / vermitteln.	Erzählung im Klassenverband - vier Stories zum Hilfehandeln aus der TSS (**M15**) Partnerarbeit: Texte **M15** mit Handbildern versehen, die mittels einer typischen Handhaltung den Text zusammenfassen Einzelarbeit: Stellenausschreibungen aus Zeitschriften (u.a. auch aus dem sozialen Bereich) als Vorlage für 1 DIN 4 Seite blanko Seite mit der Überschrift: Stellenausschreibung für eine/n Mitarbeiter/in an der TSS
Ergebnissicherung: 20 Minuten Helfen baut Brücken	SCH malen eine Brücke mit Handgesten und Projekten zum Hilfehandeln, die deutsche und jordanische Jugendliche verbinden können (z. B. Zivildienst, soziales Jahr, Projekte der GTZ). SCH schreiben ihren Namen ans Ufer oder auf die Brücke, wo sie für Frieden im Nahen Osten und bei uns mitarbeiten würden	Klassenverband: Collage kleben: eine Brücke zwischen Deutschland und Jordanien **M16** Material: *EMS* Homepage eines Jugendlichen nach dem Freiwilligendienst: http://3plus1.files.wordpress.com/2008/06/abschlussarbeit_onlineversion.pdf

M12: Notleidende Kinder und Jugendliche in Deutschland:

M 13: Methode: World Cafe

Die Methode orientiert sich an einem Gespräch in einem Straßencafe. Alle am Tisch sitzenden Personen kommen miteinander ins Gespräch über ein Thema. Nach einer Weile wechseln einige Personen vom Tisch an andere Tische, neue Personen kommen hinzu und so wird das Thema von Tisch zu Tisch – von Kontinent zu Kontinent – kommuniziert. Im Religionsunterricht werden die SCH auf vier Tische (Ecken) aufgeteilt. Jeweils eine Person (es könnten bei einer großen Gruppe auch zwei bis drei SCH sein) pro Tisch ist „Gastgeber", d.h. bleibt am Platz sitzen und gibt Infos aus den jeweiligen Gesprächen an die SCH weiter, die sich neu an den Tisch begeben. In der Regel wechseln die Personen an den Tischen (außer Gastgeber) alle 3 bis 5 Minuten als Gruppe an einen anderen Tisch, wo sie der „Gastgeber" zunächst informiert über den bisherigen Stand der Diskussion an seinem Tisch. Aspekte aus den Gruppengesprächen werden an jeder Station auf Plakaten festgehalten und dokumentieren den Gesprächsverlauf. Diskussionspunkte vor den Bildern: Was könnte der / die Jugendliche sagen oder denken? Wer würde helfen, wer vorübergehen, was würdest Du als Passant (in Deutschland / was würden deiner Meinung nach Passanten in Jordanien) tun? Wie kommt es zu dieser Notsituation eines/er Jugendlichen in Deutschland? Was könnte hier Mission bewirken?

M14: Kinder und Jugendliche in Jordanien

M 15: Ilias erzählt von vier Freunden aus der TSS:

Das ist Samir. Er ist 17 Jahre alt. Samir ist im Schneller Camp groß geworden. Von der TSS aus können wir aufs Schneller Camp schauen – es liegt zu unseren Füßen. Es ist eines der vielen Lager, das seit dem Sechstagekrieg von 1967 in Israel rund 120.000 Menschen Unterkunft gibt. Samir kennt seinen Vater nicht. Seine Mutter hat sechs Kinder von drei Männern. Heute lebt sie dort mit drei Kindern. Die andern hat sie auf die Straße geschickt, damit sie sich selbst versorgen. Samir musste mit 10 Jahren schon Kisten schleppen und Autos putzen. Weil das Geld hinten und vorne nicht reichte, hat er gelogen und betrogen, ab und zu auch geklaut. Immer wieder kam er dann doch nach Hause. Dort verprügelt ihn sein Stiefvater so, dass Samir mit blauen Flecken wieder auf die Straße geflohen ist. In Jordanien gibt es neuerdings zwar ein Gesetz, das die Kinder vor der Gewalt ihrer Eltern schützen soll – aber wer zeigt schon seine eigenen (Stief)Eltern an? So meldete Samirs Mutter ihren Sohn bei der TSS an. Samir hatte Glück. Obwohl nur jedes achte Kind aufgenommen wird, war seine Not so groß, dass die TSS nicht mit ansehen wollte, wie er auf der Straße unter die Räder kommt. Er erhielt einen der begehrten Plätze im Internat. Samir lebt schon seit 6 Jahren an der TSS. Hier geht er zur Schule, hat ein eigenes Bett und eigene Kleidung im Internat. Ab und zu besucht Samir seine Mutter, um ihr bei der Versorgung der Familie zu helfen. Der, der einst von daheim rausgeschmissen wurde, sorgt nun mit fürs Überleben der Familie. Warum Samir das tut? Er ist begeistert von seinem Erzieher Bscharre, der Gleiches mit ihm gemacht hat: er hat Samir aufgenommen, ihm geholfen und das hat Samir so beeindruckt, dass er so werden will wie Bscharre. Warum Bscharre das tut? Weil er das nachmachen will, was Jesus vorgemacht hat: Solidarität mit den Schwächsten der Gesellschaft üben – d.h. die Hand ausstrecken und damit einem Obdachlosen ein Zuhause geben.

Das ist Amira, die Schwester meines besten Freundes in der TSS. Amira ist 24 Jahre alt. Beide sind gläubige Muslime. Amira arbeitet in der Küche der TSS. Amira wurde als Kind viel geschlagen – mein Freund erzählt von einem Onkel der Familie, der oft total lieblos Amiras Körper berühren wollte und sie mit Gewalt gezwungen haben muss… zu was auch immer. Zum Glück ist Amira seit einigen Jahren mit einem ehemaligen Schüler aus der TSS verheiratet. Seitdem ist sie den Onkel los. Zum Entsetzen der Familie bekommen Amira und ihr Mann aber keine Kinder. Mein Freund sagt, das liege an Amira. Amiras Mann hätte seine Frau deshalb schon längst vor die Tür setzen können. Bei uns Arabern gilt ein Mann (und eine Frau) eigentlich erst etwas, wenn er einen Sohn hat. Mein Vater stellt sich z.B. nie mit seinem eigenen Namen vor, sondern sagt: „Ich bin Abbu Ilias – Vater von Ilias". Als Amiras Schwiegermutter ihren Sohn bat, sich endlich von Amira zu trennen, sagte ihr Sohn seiner Mutter doch wirklich ins Gesicht: „Nein, ich bleibe bei Amira. Sie ist meine Frau. Ich liebe sie. In der Schneller Schule habe ich gelernt, dass jeder Mensch liebenswert ist und die Liebe wichtiger ist als das, was wir besitzen oder produzieren. Wie sollte ich Amira gegenüber lieblos sein, wenn Allah uns Liebe schenkt?" In seiner muslimischen Familie konnte niemand, außer seinem Schwager, meinem Freund, verstehen, warum Amira und er zusammengeblieben sind. Amiras Mann sagt: „In der TSS habe ich erfahren, dass Barmherzigkeit miteinander Frieden stiftet. Gott reicht uns die Hand, damit wir andere barmherzig festhalten.
Das tu ich im Namen Allahs."

Das ist Hassan. Er ist 16 Jahre alt. Er kommt aus dem Irak und lebt erst seit drei Monaten hier bei uns an der TSS. Hassans ist mit dem Krieg in seiner Heimat groß geworden. Nachts wacht er immer wieder auf, schreit und schwitzt und steht im Bett auf. „Ab in den Keller" ruft er und träumt, dass wieder Bombenalarm ist. Hassan hat im Irakkrieg seine ganze Familie verloren. Seine Eltern waren Christen. Sie wurden verfolgt und getötet. Brutal, was Hassan und viele Christen erleben mussten und müssen. Eine Tante von Hassan hat ihn nach dem Tod seiner Eltern auf die Flucht mitgenommen. Tagelang sind sie unter großer Gefahr nach Jordanien geflüchtet. Hassans Tante hat die Flucht nicht überlebt. Kurz vor ihrem Tod bat sie eine Bekannte, Hassan zur Schneller-Schule in Jordanien zu bringen. Und so lag Hassan eines Morgens vor dem Tor der Schule, wo ein Mitarbeiter der TSS ihn fand und mitnahm. Hassan besitzt nichts- außer dem, was die Waisenkinder der TSS ab und zu durch Spenden aus Europa bekommen. Dennoch ist er total lustig und immer dabei, wenn wir im Hochseilgarten klettern. Letztes Weihnachten durfte Hassan mit zum Weihnachtsempfang des jordanischen Königshauses. Da waren nur die christlichen Kinder und Jugendlichen eingeladen- ist ja auch klar, denn es geht um ein christliches Fest. Alle TSS-Kinder und Jugendlichen bekamen dort ein Geldstück geschenkt, das bei uns ganz schön viel wert ist. Wieder daheim an der TSS meuterten einige muslimische Jugendliche tüchtig. Sie fanden es ungerecht, dass nur die christlichen Kinder Geld bekommen hatten. Ein Erzieher schlug vor, dass Hassan und die anderen Christen das Geld einfach mit den nichtchristlichen Schülern teilen könnten. Viele taten das auch. Hassan aber behielt sein Geld. Niemand hat ihn gezwungen, es zu teilen- aber warum gerade Hassan das Geld fest in seinen Händen hielt, verstehe ich bis heute nicht. Wir haben in der TSS doch so viel von Gerechtigkeit gehört und erfahren. Unsere Erzieher erinnerten Hassan auch an Jesus, der ja auch das, was er hatte gerecht mit offenen Händen teilte, aber all das schien Hassan zu überhören.

Das ist Leila. Leila ist 13 Jahre alt. Leila ist die Tochter meines Lehrers. Leilas Familie lebt bei uns auf dem Gelände der TSS. Bei Leilas Mutter kann man immer etwas Süßes bekommen, wenn man ihr im Garten oder bei der Arbeit hilft. Leilas Mutter ist verantwortlich für den Streichelzoo, den wir seit einiger Zeit auf dem Gelände der TSS haben. Carina, eine Studentin aus Deutschland, hat Ställe für die Tiere mit uns gebaut und uns gezeigt, wie wir die Tiere pflegen. Wir besitzen Katzen, Schafe, einen Esel und Hasen, die wir streicheln und versorgen. Viele von den jüngeren Kindern, die nie erleben konnten, dass ihre Eltern oder Verwandte ihnen Geborgenheit schenkten, sind total verrückt nach dem Streichelzoo. Sie kämmen und bürsten die Tiere mehr als es denen gut tut. Leila hilft ihrer Mutter beim Versorgen der Tiere. Leilas Familie ist sehr religiös. Im Ramadan, dem islamischen Fastenmonat z. B. fastet die ganze Familie von Sonnenauf- bis Untergang. Damit wir es den muslimischen Jugendlichen und Mitarbeitern auf dem Gelände der TSS im Ramdan nicht noch schwerer machen, das Fasten durchzuhalten, sollen wir Christen während des Ramadans nicht in Gegenwart von Muslimen essen. Wir gehen zum Essen in den Speisesaal. Der Kiosk am Spielplatz, der sonst nach den Mahlzeiten immer geöffnet hat, bleibt im Ramadan vier Wochen lang zu. Das ist auch für einige von uns schwer-vier Wochen kein Eis, keine Cola usw. aber ich finde es o.k. Wir unterstützen uns gegenseitig darin, unseren Glauben zu leben – auch wenn wir dabei mal selbst einen Schritt kürzer treten. Umgekehrt unterstützen unsere muslimischen Freude uns, wenn wir aus religiösen Gründen etwas anders machen wollen als sie, das gehört zum Respekt vor der Andersartigkeit des Mitschülers dazu. Oft hat man uns erzählt, dass Jesus genau aus diesem Respekt heraus anderen Menschen den Rücken gestärkt und sie mit seinen Händen gesegnet hat, damit sie ihren Weg gut gehen konnten. Ich verstehe nicht, dass es hier in der TSS möglich ist, friedlich in aller Unterschiedlichkeit miteinander zu leben, nicht aber im Orient und schon gar nicht auf der ganzen Welt

M 16: Helfen verbindet

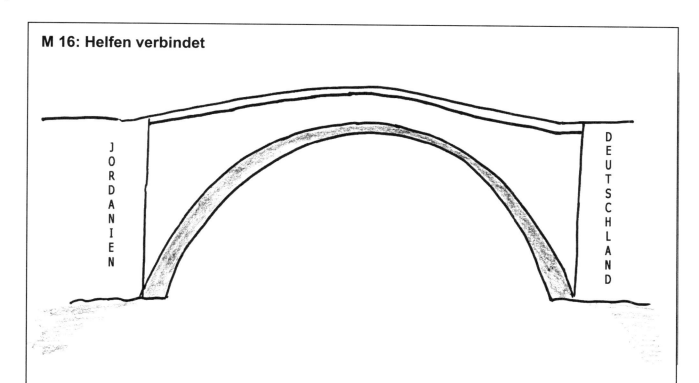

Friedensbrücken bauen beim Projekttag an der TSS

Baustein 5 (Dialog): Einladung zum Frieden

5.1. Material für die Hand der Lehrenden:
EMS (2007): Aufruf zum Dialog; Baur, Katja (2009): Abraham – Impulsgeber für Frieden in Nahost?!; Haussmann, Werner u.a. (2006): Handbuch Friedenserziehung

5.2. Unterrichtsbaustein: Die TSS als Vorbild friedlichen Zusammenlebens in kultureller und religiöser Vielfalt ?

Phase- Kompetenz- Inhalt	L- SCH Aktivität	Methoden, und Medien
Einstieg: Neugierig auf Fremdes sein? 30 Minuten Bei einem fremden Gastgeber Unbekanntes erleben oder nicht? SCH überprüfen am Essenbeispiel ihre Bereitschaft und Fähigkeit zu Neugierde am Fremden sowie ein Verletzen der Gefühle von Fremden.	SCH sind vom L eingeladen an eine Tafel mit arabischen Köstlichkeiten. L erklärt fremde Speisen, Gewürze usw. L lenkt Gespräch nach einer Weile auf die Analyse der Situation: Warum probieren einige SCH nichts, andere alles? L – Impuls: Fremdes kann mich interessieren oder abstoßen... Gespräch über eigenes Verhalten in der Rolle eines Gastgebers oder Gastes.	Miteinander essen; arabisches Vorspeisenbuffet (Rezepte **M17**): u. a.: Oliven, Paprika, Tomaten, Techina, Humus, Falafel, gefüllte Weinblätter, Gurken, Orangen, Fladenbrot U-Gespräch und Tafelarbeit: Tabelle mit zwei Spalten: Zum Gastgebersein gehört / zum Gastsein gehört; Übertragung der Tabelle mit jeweils mind. drei Unterbegriffen nach Wahl ins Port Folio.
Erarbeitung: 40 Minuten Frieden leben lernen durch: gewaltfreie Zusammenarbeit, religiöse Toleranz, gastfreundliches Verhalten. SCH können am Beispiel von Konflikten mit unterschiedlichen Interessen Lösungen erproben, die durch einen Sprung über den Graben Frieden bewirken.	SCH teilen sich in drei Gruppen ein und üben spielerisch Wege der Konfliktlösung ein. SCH werten Erfahrungen mit dem Spiel aus; L moderiert. Impuls: Frieden kann gelingen, wenn.... „setzt den Satz fort „ Fazit: Frieden ist ein Prozess, man muss sich auf den Weg machen. Krieg ist Stillstand.	Drei Konfliktsituationen aus dem Alltag der TSS, die exemplarisch für weltweite Konflikte sind: Streitschlichterspiel mit Standpunktwechseln: **M18** In drei Kleingruppen (arbeitsteilige Gruppenarbeit) - bei genügend Zeit ist die Bearbeitung von 1 bis 2 Themen möglich
Ergebnissicherung: 10 Minuten Frieden kann man symbolisch ausdrücken. SCH können die Ergebnisse der Diskussion in Symbolen zusammenfassen und darstellen. SCH können das Symbol der Schneller-Schulen als Friedensmotiv deuten.	SCH suchen Symbole für eine Darstellung von Frieden als Weg vom Ich zum Du, skizzieren ihre Symbole und deuten sie. L ergänzt SCH-Bilder mit Szenen aus der Arbeit der TSS: SCH deuten das Bild und fassen zusammen, warum Ilias sagt: Meine Schule macht Friedensarbeit für Jordanien, für Deutschland, für die ganze Welt.	Erstellen einer Collage in Einzelarbeit (SCH malen auf Zettel Symbole für Frieden und kleben sie auf das Plakat). U-Gespräch über die Deutung der Symbole im Klassenverband Plakat mit dem Symbol der Schneller-Schulen: Friedenstaube
Dokumentation der Ergebnisse 10 Minuten SCH senden den SCH der TSS einen Friedenswunsch SCH können konkret etwas für den Frieden an der TSS tun und dafür einstehen	L informiert SCH über das Schneller-Jubiläumsjahr 2010 und lädt ein, eine Postkarte an Ilias und seine Freunde zu schreiben; SCH füllen zwei Postkarten aus: eine zum Verschicken und eine fürs Port Folio. SCH überlegen, welche Friedensgrüße Ilias ihnen nach Deutschland schicken würde. Neue Klärung des Missionsbegriffes anhand der Auswertung der Unterrichtseinheit.	L- Information im Klassenverband Postkarte für die SCH der TSS mit einem Friedenswunsch zum Jubiläumsjahr **M19**: www.ems-online.org/1481.html Weiterführendes Projekt: SCH nehmen Kontakt zum Schneller-Verein oder zu Palästinensern in ihrer Nähe auf und beteiligen sich als einzelne oder Klasse an einer Aktion zum Schneller-Jubiläumsjahr

M 17: Rezepte zum arabischen Vorspeisenbuffet:

- *Techina Salat*:
  500g Techina (Sesamsoße, erhält man in türkischen Läden) mit Saft von 2 Zitronen und 1,5 Tasse Wasser verrühren bis eine einheitliche dickflüssige Masse entsteht. Mit 3 zerdrückten Knoblauchzehen, 1 Teelöffel Salz, 0,5 Teelöffel Pfeffer abschmecken, dann 5 EL fein gehackte Petersilie hinzufügen. Man kann der Techina noch klein geschnittene Tomaten- und Gurkenstücke hinzufügen.

Frühstück: Satar und Olivenöl mit Fladenbrot

- *Humus*:
  1,5 Tassen Kichererbsen in einer Schüssel über Nacht einweichen, abspülen und abtropfen lassen. Die Kichererbsen in Wasser kochen, bis sie weich sind. Abtropfen und abkühlen lassen. Kichererbsen, ½ Tasse Techina, ½ Tasse Wasser, ½ Teelöffel Pfefferkümmel, ½ Teelöffel Salz, 1 zerdrückte Knoblauchzehe und Saft von 1 Zitrone mit dem Mixer pürieren. Die Mischung auf 1 Teller verteilen, mit Olivenöl beträufeln und darüber 50g gebratene Pinienkerne, 1 EL gehackte Petersilie und Paprikapulver streuen.

Humus

- *Zucchinimus mit Schafkäse:*
  500g Zucchini putzen, waschen und in Würfel schneiden. 2 Knoblauchzehen schälen und fein hacken. 125g Schafkäse zerkrümeln. Zucchini in kochendem Wasser 15 Minuten garen und abtropfen, im Mixer pürieren, Knoblauch, Schafkäse, Saft von ½ Zitrone, 3 EL Olivenöl, ½ TL Kreuzkümmel, Salz, Pfeffer, 1 Prise Chilipulver hinzufügen. Mit 5 grünen und 5 schwarzen Oliven garnieren. Gleiches ist auch machbar, wenn man anstelle der Zucchini 500g Auberginen nimmt.

Halva wird oft mit Brot gegessen

- *Auberginen in Joghurt und Minze:*
3 mittelgroße Auberginen der Länge nach in 1 cm dicke Scheiben schneiden, mit Salz bestreuen und eine halbe Stunde ziehen lassen. Abtrocknen und in Öl auf beiden Seiten braten, bis sie goldgelb sind. Dann die Auberginenscheiben auf Küchenkrepp legen. 2 Becher Joghurt mit 2 zerdrückten Knoblauchzehen und 1 Prise Salz vermischen. Eine Schüssel mit Auberginen auslegen und die Hälfte des Joghurts darüber gießen. Darauf eine 2. Schicht Auberginen legen und mit Joghurt bedecken. Einen Esslöffel Öl darüber gießen und mit Minze bestreuen. Kalt servieren.

- *Tomaten mit Korianderpaste:*
600g Fleischtomaten waschen und achteln, dabei die Stielansätze entfernen. 200g Schafkäse zerbröseln und auf einer Platte aufhäufeln. Tomaten um den Schafkäse anrichten. 3 EL Walnüsse grob hacken,1 Knoblauchzehe schälen und hacken.1 Bund Koriandergrün waschen, trocknen und grob zerschneiden. Alles mit 1 EL Zitronensaft und 6 EL Öl pürieren. Mit Kreuzkümmel, Salz und Pfeffer abschmecken und über die Tomaten träufeln.

- *Falafel:*
250g getrocknete Kichererbsen in einem Sieb abtropfen lassen.1 Zwiebel und 3 Knoblauchzehen schälen und hacken. ½ Bund Petersilie und ½ Bund Koriandergrün waschen, abtrocknen und hacken. Alles mit 1 EL Zitronensaft im Mixer fein pürieren. Das Kichererbsenmus gut mit 50g Semmelbrösel, 1 TL Backpulver und 2 EL Mehl verkneten und mit 2 EL Salz, je 1 TL Kreuzkümmel und Korianderpulver abschmecken. Aus dem Teig walnussgroße Bällchen formen. Öl in einer tiefen Pfanne erhitzen und die Bällchen darin portionsweise in 4 - 5 Minuten goldgelb frittieren. Auf Küchenpapier abtropfen lassen und möglichst heiß servieren.

M 18: Konflikte friedlich lösen – Streitschlichterspiel mit Standpunktwechseln

 Regieanweisung:

Streitschlichter gibt es mittlerweile in vielen Schulen. Ihre Aufgabe ist es, die Positionen der am Konflikt beteiligten Personen zu verdeutlichen, mit den Betroffenen zusammen Argumente abzuwägen und Lösungen zu suchen. Konfliktlösung ist Bewegung. Theologisch steht hier Joh 14 Pate: wenn Jesus sagt: „Ich bin der Weg", dann fordert er Menschen in seiner Nachfolge auf, sich auf den Weg zu machen und seine Wege nachzugehen – Wege hin zu Belasteten, Streitenden usw. im Vertrauen darauf, dass Jesus selbst mit in den Konflikt hineingeht und hilft, die Wahrheit als Weg zum (Weiter)Leben zu finden.

Methodisch folgt das Streitschlichterprinzip bei den folgenden drei Übungen, die nacheinander mit der Gesamtklasse oder parallel in drei Gruppen durchgeführt werden können, der Methode: **„Bewegte Konfliktlösung"**.

- ⇨ Die Gruppe teilt sich in drei Untergruppen auf. Eine Gruppe vertritt Position A, die andere Position B, Gruppe C sind die Streitschlichter.
- ⇨ Gruppe A und Gruppe B stehen sich mit ca. 5 m Abstand gegenüber. Gruppe C steht an der Kopfseite.
- ⇨ Darauf liest ein Mitglied der Gruppe C den Streitfall vor. Der Konflikt sollte eindeutig sein, aber auch benachbarte Themen oder Handlungsorte einbeziehen, sodass die Gruppe für verschiedene Ebenen des Konfliktes Argumente und Lösungswege finden kann.
- ⇨ Gruppe A und B überlegen zunächst für sich, mit welchen Positionen sie ihre Meinung verteidigen können, Gruppe C, wie sie die beiden Positionen miteinander ins Gespräch bringen könnte.
- ⇨ Nach einer Beratungszeit stellen sich die Gruppen, wie oben beschrieben, im Raum auf. Nun sagt ein Mitglied von Gruppe A ein Argument, ein Mitglied aus Gruppe B antwortet darauf, ein Mitglied von Gruppe C überlegt mit den beiden, ob es Möglichkeiten gäbe, aufeinander zuzugehen.
- ⇨ Gibt es ein Entgegenkommen, bewegen sich Gruppe A und B aufeinander zu. Nun ist ein Mitglied aus Gruppe B dran, ein neues Argument für seine Position vorzutragen. So „gehen" die beiden Gruppen abwechselnd ihre Argumente durch und setzen sich in Bewegung aufeinander zu. Falls es bei dem einen oder anderen Aspekt keine Vorwärtsbewegung gibt, verharren die Gruppen am Platz, auf ihrem „Standpunkt".

Konflikt A:

Ilias hat Ärger mit seinem Mitschüler Fatih. Beim Reparieren von Autos gibt es interessante Tätigkeiten, die alle gerne machen wie z. B. das Erneuern einer Zylinderkopfdichtung oder das Anschweißen eines neuen Auspuffs. Wenn neue Aufträge reinkommen, nimmt Fatih sich immer die besten Tätigkeiten. Oft hat Ilias ihn gefragt, ob man nicht abwechseln könne – jeder macht mal was Blödes und eben auch was Tolles. Aber das lehnt Fatih ab. So hat Ilias sich angewöhnt, auf der Lauer zu sein, wenn die neuen Aufträge kommen.

Doch auch das klappt nicht. Kaum hat Ilias angefangen, an einem attraktiven Auftrag zu arbeiten, tritt Fatih kräftig zu, schubst Ilias fort und nimmt sich wieder mal die gute Arbeit. Ilias weiß, dass Fatih als Kind viel geschlagen und getreten wurde und dass das mit ihm einfach immer mal wieder durchgeht. Viele Kumpels fürchten sich vor Fatih und machen halt die Dreckarbeit. Doch Ilias will nicht klein beigeben oder selbst mit Gewalt seine Interessen durchsetzen. Eines Tages kommt es in der Autowerkstatt zu einem heftigen Streit, als Fatih wieder mal Ilias wegdrängt. Kurioserweise streiten beide vor der Personalkammer. In deren Eingangsbereich ist ein Bild von Jesus und Maria und daneben eine Sure aus dem Koran aufgestellt.

Für Momente fällt Fatihs Blick auf den Koran (er ist Muslim) und Ilias Blick auf das Bild von Maria. Doch vergebens – der Streit eskaliert und beide prügeln aufeinander los. Was tun?

⇨ Gruppe A: Ilias fordert ... ⇨ Gruppe B: Fatih fordert ...

Konflikt B:

Ilias ist mit Jamal gut befreundet. Beide sitzen im Unterricht in der Schule nebeneinander. Nur im Religionsunterricht geht Ilias in den christlichen und Jamal in den muslimischen Unterricht, weil sie unterschiedlichen Religionen angehören. Neulich kamen sie sogar da mal zusammen, weil ihre Lehrer mit beiden Gruppen die Amman Message behandeln wollten. Viele Muslime in Jordanien sind stolz darauf, dass diese Botschaft, die Muslime auf der ganzen Welt zum Frieden mit Menschen aus anderen Religionen auffordert, gerade aus Jordanien kommt und der König sie – vergleichbar einem Hirtenwort des Papstes – in die ganze Welt schickt. Ilias und Jamal diskutierten lange darüber, ob einige Sätze der Amman Message wirklich von den Muslimen auf der ganzen Welt unterstützt würden, da es dann doch keine Gewalt im Namen Allahs mehr geben dürfte, z.B.: *„Dies ist eine Erklärung für die Menschen, für unsere Geschwister in den islamischen Ländern und überall in der Welt…*

Das Haschemitische Königreich Jordanien verfolgt eine Linie, die das gute Bild des Islams aufzeigt… um die Rolle der Muslime beim Aufbau der menschlichen Kultur und der Beteiligung an deren Fortschritt in unserer Zeit zu stärken"[47] Ilias hat nichts gegen Muslime. Er findet es in Ordnung, dass die TSS viele muslimische Kinder und Jugendliche aufnimmt und ihnen ein Zuhause und Schulbildung gibt. Er ist stolz darauf, dass Christen die TSS finanzieren und das Konzept tragen. „Christen kümmern sich wirklich um alle, auch um die Menschen, die nicht an Jesus glauben", denkt Ilias. So hätte Jesus es auch gemacht. Es ärgert ihn aber, dass Jamal und die vielen Muslime in Jordanien sich oft nur für Mitglieder ihrer eigenen Religion einsetzen. In Jordanien würde es keine muslimische Schule geben, die christliche Kinder so behandeln würde, wie die TSS die Muslime behandelt, denkt Ilias. Deshalb findet Ilias es nicht richtig, dass die TSS in so Vielem auf die muslimischen Mitschüler Rücksicht nimmt. Wenn er

---

[47] The Hashemite Kingdom of Jordan (2004): Coexistence-Jordan as a Model, in: Jordan Interfaith Coexistence Research Center: Amman- Message, Amman. Abrufbar über: www.riifs.org.

Schulleiter wäre, würde er keinen Extrareligionsunterricht für Muslime anbieten, würde er es verbieten, dass über der Tafel im Klassenzimmer der König und eine Sure aus dem Koran, aber kein Kreuz hängt. Ilias hat darüber auch schon oft mit Jamal gestritten. Jamal ist fest davon überzeugt, dass der Islam die beste Religion ist, nicht nur für uns Jordanier, sondern für alle Menschen. Das sagt er auch in der TSS ganz offen. Er nimmt sich dort alle Rechte, um seinen Glauben zu leben. „Ilias sei ein netter Kerl, aber er habe die falsche Religion" – wie oft hat Ilias das schon von Jamal zu hören bekommen. So kam es zum heftigen Streit, als Jamal vor zwei Tagen seinen Gebetsteppich in der Kirche der TSS mitten im Altarraum ausbreitete und dort sein Mittagsgebet betete.

Ilias wollte just zu dieser Zeit einfach für sich in der Kirche zur Ruhe kommen. Ihn störte es, dabei immer auf Jamal schauen zu müssen - und überhaupt: er findet, in einer Kirche wird zum christlichen Gott gebetet, da hat Jamal nicht zu seinem islamischen Allah zu beten. So bat er Jamal, zum Gebet an einen anderen Ort zu gehen. Aber Jamal blieb einfach sitzen. Voller Verzweiflung schrie Ilias darauf Jamal an. Der schrie zurück. Aus dem Gebet wurde ein heftiger Streit. Wer hat das Platzrecht in der Kirche?

⇨ Gruppe A: Ilias fordert ... ⇨ Gruppe B: Fatih fordert ...

Konflikt C:
Für Ilias und seine Freunde an der TSS ist das Essen sehr wichtig. Je reichhaltiger der Tisch gedeckt ist, umso besser. Und natürlich schmeckt alles nur dann gut, wenn ganz viel Knoblauch im Essen ist, sei es im gefüllten Schafkäsemus oder in den typischen Gerichten wie Humus oder Techina. Letzte Woche war eine Schülergruppe aus Deutschland zu Besuch im Gästehaus der Schneller-Schule. Die Jugendlichen waren etwa so alt wie Ilias und seine Kumpels. Da sie jordanische Jugendliche kennen lernen wollten, arrangierten Ilias Lehrer und die deutsche Lehrerin ein Treffen der Jugendlichen. Alle sollten zuerst im Gästehaus zusammen essen und sich unterhalten, Fußballspielen – was sich so ergibt. Die Lehrer hatten die Idee, dass die arabischen Jugendlichen zum Essen arabische Vorspeisen richten und die deutschen Jugendlichen für das Hauptgericht sorgen. Gesagt getan – obwohl Küchenarbeit in Jordanien eigentlich Frauensache ist, legten Ilias und seine Freunde sich mächtig ins Zeug, um etwas Schmackhaftes aufzutischen – natürlich mit viel Knofi. Auf der anderen Seite nahm Peter das Kochen mit seinen Freunden in die Hand. Sie kochten Linsen, Spätzle und Saitenwürstchen – für alles hatten sie die Zutaten extra aus Deutschland mitgebracht. Dazu sollte es ein deutsches Bier oder Cola geben – hatte man auch extra mitgeschleppt. Am besagten Abend kamen die Jugendlichen zusammen. Obwohl die Lehrer immer wieder aufforderten sich doch zu mischen, saß man lieber erst mal in der Nähe der eigenen Freunde. Ilias übernahm das Auftischen der arabischen Speisen, Peter das Auftischen der deutschen Speisen. Das Desaster begann eigentlich schon, als Peter als Gastgeschenk jedem arabischen Schüler eine Flasche Becks Bier vor die Nase stellte – nicht wissend, dass gläubige Muslime keinen Alkohol trinken. Als es ans Essen ging, klagten etliche Mädchen der deutschen Gruppe über den starken Knoblauchgestank der arabischen Speisen. Sie rührten davon nichts an.

Die deutschen Jungen machten es ihnen nach. Ilias und seine Freunde waren total enttäuscht, dass niemand sich für das, was sie – und dazu noch als Jungen – vorbereitet hatten, interessierte. Die deutsche Lehrerin ordnete zwar an, dass jeder aus ihrer Gruppe etwas Arabisches probieren müsse, aber es geschah nicht. Als Peter dann das schwäbische Essen reinbrachte, stürzten sich alle Deutschen heißhungrig darauf. Sie boten den Jordaniern davon an. Ilias hatte noch nie in seinem Leben Spätzle gegessen – sollte er das probieren? Er als Christ hatte ja keine Mühe mit dem Schweinefleisch in den Würsten, auch wenn er es taktlos fand, dass die deutschen Jugendlichen etwas kochten, was die meisten seiner muslimischen Freunde nicht essen dürfen. Höflich, wie er erzogen worden war, probierte er alles, was Peters Gruppe gekocht hatte – und es schmeckte ihm sogar. Auch seine Freunde aus der TSS probierten alles außer Fleisch und Bier. Da Ilias den ersten Schritt getan hatte, bat er die deutschen Jugendlichen nun mit Nachdruck, sie sollen bitte auch die arabischen Speisen probieren. Doch diese weigerten sich immer noch. Es kam zu einem heftigen Streit. Ilias forderte Peter auf, anzufangen, doch der hatte keine Lust, den Vorreiter zu machen …

| ⇨ Gruppe A: Ilias fordert … | ⇨ Gruppe B: Fatih fordert … |

M19: Ein Friedenswunsch für Ilias und seine Freunde an der Schneller-Schule in Amman

Geleitwort des Evangelischen Vereins für die Schneller-Schulen

„Frieden Leben Lernen" – und das im Kontext der multireligiösen, politisch spannungsgeladenen und komplexen Situation des Nahen Ostens – daraus ergeben sich vielfältige Lernfelder auch für uns in Deutschland und in Europa.

Es war ein lang gehegter Wunsch, Material dazu für Religionspädagoginnen und -pädagogen, sowie Pfarrerinnen und Pfarrer für die Schule und die Gemeindearbeit zugänglich zu machen.

Deshalb möchte ich mich zunächst bei den beiden Autoren, Katja Baur und Michael Landgraf, dafür bedanken, dass sie dieses Thema aufgegriffen und mit viel Engagement und Know-How umgesetzt haben.

Dass in diesem Buch die Theodor-Schneller-Schule und damit auch Jordanien im Vordergrund stehen, hatte praktische Gründe: Beide Autoren kennen die TSS aus eigener Anschauung. Zudem hätte die Darstellung beider Schulen das Material überfrachtet, denn die Kontexte Jordanien und Libanon mit ihren jeweiligen Gesellschaften sind bei allen Gemeinsamkeiten grundverschieden. Viele dieser Unterschiede ergeben sich aus der Tatsache, dass der Libanon anders als Jordanien aus einer sehr komplexen Zusammensetzung verschiedener ethnischer und religiöser Bevölkerungsgruppen besteht.

Auch wenn die Begrenzung für dieses Buch sinnvoll war, sei doch jeder Benutzerin und jedem Benutzer Mut gemacht, sich im Blick auf den Libanon und die Johann-Ludwig-Schneller-Schule selbst auf die Suche zu machen. Es lohnt sich!

Auch eine Reise in die beiden Länder und zu den Schneller-Schulen lohnt sich. Beide Schulen haben Gästehäuser und freuen sich über Besuch, gerade auch während der Schulzeit. Der EVS bietet immer wieder Reisen an, aber es gibt darüber hinaus viele Reiseveranstalter, die Besuche an den Schneller-Schulen im Programm haben oder auf Nachfrage gerne anbieten.

Über den EVS kann man auch verschiedenste „Schneller-Produkte" erwerben, die sich im Unterricht einsetzen lassen.

Danken möchte ich neben den Autoren auch Wolfgang Baur, der viel Zeit in das Layout investiert hat, sowie meiner früheren Mitarbeiterin, Johanna Hagen, fürs akribische Korrekturlesen.

Seit 150 Jahren besteht durch die Schneller-Einrichtungen eine Brücke von Menschen, Gemeinden und Kirchen bei uns hin zum Nahen Osten. Viele Menschen haben in der Vergangenheit Anteil an der Arbeit genommen und sie unterstützt, und viele tun das auch heute noch. Dass die Unterstützung wichtig ist, gerade auch heute, in einer Zeit, in der die finanziellen Schwierigkeiten der verfassten Kirchen zu einem drastischen Rückgang der Zuschüsse führen und daher Spenden immer wichtiger werden, soll nicht verschwiegen werden.

Doch alle, die die Arbeit finanziell unterstützen, nehmen auch Anteil am Schicksal der Menschen im Nahen Osten. Sie erfahren, wie im vorliegenden Buch, viel über die Lebenssituation, die religiöse Situation und über die alltäglichen Herausforderungen zum Beispiel in Jordanien. Dieser Aspekt war dem Evangelischen Verein für die Schneller-Schulen (EVS) aufgrund seiner Verbundenheit mit den Menschen und den einheimischen Kirchen im Nahen Osten immer ein besonderes Anliegen.

Umgekehrt ist es übrigens genauso: Auch unsere Partner im Nahen Osten nehmen ebenso wie die Kinder an den Schneller-Schulen Anteil an unserem Leben und den Geschehnissen bei uns - in einer medial immer vernetzteren Welt zunehmend mehr.

Ich freue mich auf viel Resonanz zu diesem schönen Material.

Andreas Maurer, EVS-Geschäftsführer

Der Evangelische Verein für die Schneller-Schulen (EVS)

Der Evangelische Verein für die Schneller-Schulen (EVS) wurde 1891 in Köln unter dem Namen „Verein für das Syrische Waisenhaus" von Pfarrer Ludwig Schneller, dem ältesten Sohn Johann Ludwig Schnellers gegründet. Ziel war es, die Unterstützung der Arbeit des Syrischen Waisenhauses in Jerusalem zu organisieren. Von dort wurde Jahrzehnte lang auch die Geschäftsführung für die Schulen wahrgenommen. Nach Ausbruch des Zweiten Weltkrieges wurde der Besitz des Vereins im neu gegründeten Staat Israel durch diesen enteignet, da es sich um deutschen Besitz handelte.

Nach einer geringfügigen Entschädigung war der EVS Träger bei der Neugründung der Schulen im Libanon und in Jordanien. Im Laufe der 1980er und 1990er Jahre wurde die Trägerschaft der beiden Einrichtungen auf einheimische Kirchen übertragen.

Der EVS unterstützt und begleitet die Arbeit der Schneller-Schulen in enger partnerschaftlicher Zusammenarbeit. Der EVS ist Gründungsmitglied des Evangelischen Missionswerks in Südwestdeutschland (EMS). Die Geschäftsstelle ist daher heute beim EMS in Stuttgart.

Die enge Zusammenarbeit zwischen dem EVS, den Schulen und den Kirchen im Nahen Osten festigt die Verbundenheit zwischen Christen im Nahen Osten und in Deutschland. Der EVS bemüht sich darüber hinaus, die christliche Präsenz im Nahen Osten zu stärken, tritt für eine auf christlicher Nächstenliebe basierende Koexistenz der Religionen ein und fördert den Dialog zwischen ihnen.

Der Verein wirbt um Spenden für die Schneller-Schulen. Er stellt Expertisen für die Weiterentwicklung ihrer Arbeit und bei Bedarf auch Fachkräfte zur Verfügung.

Mitglieder des EVS entscheiden bei den jährlichen Versammlungen über wichtige Fragen der Vereinsarbeit und werden über die Arbeit der Schulen informiert.

In der Schweiz besteht der Schweizer Verein für die Schneller-Schulen.

 EVS Evangelischer Verein für die Schneller Schulen

SCHNELLER STIFTUNG – ERZIEHUNG ZUM FRIEDEN

Am 11. November 2007 hat der Evangelische Verein für die Schneller-Schulen (EVS) die Schneller-Stiftung – Erziehung zum Frieden gegründet. Das Stiftungskapital liegt derzeit bei 1,2 Millionen Euro. Mit den Erträgen unterstützt die Stiftung die Arbeit der beiden Schneller-Schulen langfristig und nachhaltig. Sie fördert außerdem den Gedanken von Toleranz und friedlichem Zusammenleben unterschiedlicher Religionen und Traditionen. Vorsitzender des Stiftungs-Kuratoriums ist Dr. Martin Schneller, Botschafter i.R. und Urenkel von Johann Ludwig Schneller, dem Gründer des Syrischen Waisenhauses.

Weitere Informationen
Evangelischer Verein für die Schneller-Schulen (EVS)
Geschäftsführer Andreas Maurer
Vogelsangstraße 62
70197 Stuttgart
Tel.: 0711-63678-0
Fax: 0711-63678-45
Mail: evs@ems-online.org
Internet: www.evs-online.org

Schneller Magazin
Vier Mal jährlich erscheint
das Schneller-Magazin.
Gerne schicken wir Ihnen das Heft
regelmäßig zu.

Spenden für den EVS
Wir freuen uns, wenn Sie die Arbeit der Schneller-Schulen mit einer Spende unterstützen:
Evangelische Kreditgenossenschaft eG
BLZ: 520 604 10
Konto: 407 410
IBAN: DE09 5206 0410 0000 4074 10
BIC: GENODEF1EK1

Schneller – lesen, begreifen, genießen!

Frieden Leben Lernen – ein Lesebuch zum 150-jährigen Jubiläum der Schneller-Schulen

In ansprechender und übersichtlicher Form gibt das Lesebuch zum 150-jährigen Jubiläum der Schneller-Schulen einen Einblick in die Geschichte des Syrischen Waisenhauses und die aktuelle Arbeit der beiden Schulen. Eine Vielzahl von historischen und aktuellen Bildern lockert das 80 Seiten starke DinA5- Büchlein auf.

EUR 5,00

FISCH-SCHLÜSSELANHÄNGER
Hergestellt an der Johann-Ludwig-Schneller-Schule im Libanon

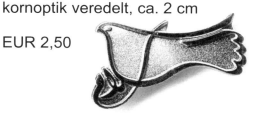

Ansteckpin als Friedenstaube
Zum 150-jährigen Jubiläum der Schneller Schulen im Nahen Osten. Das arabische Wort „Salaam" (Friede) in Form einer Taube, ein zweifaches Friedenssymbol. Geprägt, in Sandkornoptik veredelt, ca. 2 cm

EUR 2,50

IHRE BESTELLUNG BITTE AN

EMS | Vogelsangstr. 62 | 70197 Stuttgart
Tel.: 0711 636 78 - 71/ 72
Fax: 0711 636 78 - 55
E-Mail: info@ems-online.org
Alle Preise zuzüglich Porto und Verpackungskosten.
Besuchen Sie auch unseren Inte

Schneller-Kaffee
Arabischer Kaffee, Kardamom, Brasilianische Bohnen, luftdicht verpackt, gemahlen, mit kleiner Kochanleitung, 200 g

EUR 4,30

Schneller-Genuss
Aprikosennougat, eine edle Spezialität aus dem Libanon
Zutaten: Zucker, Glukose, Eiweiß, Pistazien, Vanille, Aprikosen
10 Stück ca.160g

EUR 2,80

Literaturtipps aus dem Lit-Verlag

Katja Baur
Wichern 2008 - (k)ein Thema im Religionsunterricht?

Kann man Nächstenliebe lernen?
Entgegen manch pessimistischer Meinung gibt es erfolgreiche Versuche: Vor 200 Jahren gründete Johann Hinrich Wichern das Rauhe Haus. In dieser Einrichtung lernten junge Menschen in Begegnung mit Bildungsinhalten miteinander zu leben und Verantwortung für andere zu übernehmen. Die Herausforderung bleibt aktuell: Eine Jugend ohne Hoffnung und Menschenbildung verwahrlost. Dem entgegen fördert Soziale Kompetenzbildung im Religionsunterricht das Selbstwerden in Gemeinschaftsbildung. Grund genug, sich im Wichernjahr 2008 dieser Aufgabe zu stellen. Das Unterrichtsmaterial erschließt Wicherns Impulse für damals und heute z.B. durch Originaltexte, Talkshows, Projekte. Einführungen in die Bausteine geben Informationen zu Wicherns Wirken und zur didaktischen Erschließung. Das Material ist geeignet für Schule, Jugendarbeit und Erwachsenenbildung.

Arbeitsbücher für Schule und Bildungsarbeit, Bd. 9, 200 S., 17,90 €
ISBN 3-8258-1232-4

Katja Baur (Hg.)
Abraham - Impulsgeber für Frieden im Nahen Osten?!

Kann man Gewalt verhindern?
Studierende, die sich im Rahmen des BIDA-Studienprojektes in Jordanien und Israel mit der Komplexität von Gewaltprävention beschäftigt haben, fühlen sich für diese Aufgabe vorbereitet. In wissenschaftlicher Auseinandersetzung und Begegnungen konnten sie Dialogmodelle zum interkulturellen und interreligiösen Lernen erproben. Die Dokumentation stellt vor dem Hintergrund der Abrahamstradition kontroverse Sichtweisen und Lösungswege auf Konfliktthemen dar. So eignet sich das Buch besonders für Schulen, Hochschulen und Friedensprojekte, die interkulturelles und interreligiöses Begegnungslernen fördern.

BIDA - Brücken zum interreligiösen und interkulturellen Dialog in Amman/Nahost, Bd. 1, 680 S., 49,90 €
ISBN 3-8258-1233-1